大型儒家文化交响乐

韩望喜 著

深圳市对外文化交流协会出品

人文颂

人民出版社

责任编辑:孙　牧　陈鹏鸣
封面设计:肖　辉

图书在版编目(CIP)数据

人文颂/韩望喜 著. -北京:人民出版社,2010.8
ISBN 978 - 7 - 01 - 009164 - 8

Ⅰ.①人…　Ⅱ.①韩…　Ⅲ.①儒家-传统文化-通俗读物
　Ⅳ.①B222 - 49

中国版本图书馆 CIP 数据核字(2010)第 148285 号

人 文 颂
REN WEN SONG

韩望喜　著

人 民 出 版 社 出版发行
(100706　北京朝阳门内大街 166 号)

北京瑞古冠中印刷厂印刷　新华书店经销

2010 年 8 月第 1 版　2010 年 8 月北京第 1 次印刷
开本:700 毫米×1000 毫米 1/16
印张:12.25　字数:150 千字

ISBN 978 - 7 - 01 - 009164 - 8　　定价:25.00 元

邮购地址 100706　北京朝阳门内大街 166 号
人民东方图书销售中心　电话 (010)65250042　65289539

目　录

中华灿烂文明的复兴
国家文化主权的张扬（代序）

艺　衡

一、中华民族的伟大复兴是中华文明的复兴

中国正在大气磅礴地走向世界，中华民族的复兴伟业正在进行。党的十七大报告提出，"中华民族伟大复兴必然伴随着中华文化繁荣兴盛。"伟大的复兴需要伟大的文化，中华民族的伟大复兴，不仅是经济的腾飞，更重要的是古老文明重新焕发生机，以新的姿态和形式走向世界。

中华文明是悠久的，又是崭新的。传统中国既是一个政治、经济大国，也是一个有着五千年历史和博大精深文化的文明大国，古代中国不仅在国内形成了源远流长的文化传统，而且更是以一个强大的文明国家的面貌影响了东亚、中亚和东南亚的政治文化版图。文化是立国之根，从历史上看，中国的崛起都是通过文化道路的和平崛起，因此今天中国的和平崛起的过程，必然也是中国文化实现伟大复兴的过程。中国文化的当代复兴，不仅在于它在全球文化政治版图中要重新确立自己的独特个性并

恢复自信,也不仅在于它将继续维系中华民族的内在统一,而且更在于它在参与世界文化价值体系的建构中,以自己的核心价值观及其所代表的国家软实力为"和谐世界"建设作出贡献。

　　大国的崛起从最终意义上看是文化的崛起。中国作为大国的崛起,不仅应体现为经济上的强大,更应体现为具有五千年历史的文明大国在理念上的建构,中国应成为全球化时代国家理念和文明形式的创新者,它的国家理念和文明形式要为其他国家所尊崇。几千年来,中国文化一直处于世界领先的位置,到了近代,中国遭遇到数千年未有之变局,彻底改写了中国在世界上的位置,以及国人对中国文化的心态。改革开放30多年后,中国经济已经成为全球第三大经济体,经济的崛起,政治影响的扩大,近代以来被西方折断的中国文化自信力的翅膀重新舞动。如何坚持自己的文化传统,向世界展示自己的文化力量和文化价值、文化模式,这是中国文化在现代性的转型中面临的一个文化政治哲学问题。改革开放30多年后的今天,中国模式已经成为世界经济发展最重要的一种模式,它为很多发展中国家的经济发展提供了宝贵的中国经验,但是我们应该清醒地认识到,中国模式还主要是一种经济模式。我们能否在文化模式上有自己的建树,能否向世界提供一种具有普遍价值的道德和文化理念,这是对我们目前正在开展的中华文明伟大复兴运动的严峻考验。因为中国现代化如果没有能够在文化上为21世纪世界新的文明样式注入全新的价值理念,中国文化没有能够在普遍性文化意义上提供崭新的文化经验,中华文明的伟大复兴就可能落空,我们的现代化就不能说是成功的。这一深远的历史任务其实是我们中华民族具有真正的精神生命力的内在要求。我们应该有这样的文化责任和文化自信。

　　在世界"全球化"的语境中,我们必须正视中国的文化身份问题,否则中国文化会被西方思想淹没。这就是我们提出文化主权的基本出发点。伴随全球化的推进,各国开始捍卫自己的民族和国家文化本身的价值,重新塑造自己的文化主体性,努力加强本民族的文化自觉意识。在经过晚清以来西方文化的冲击及中国内部对传统文化的历次批判、否定之后,中国曾经出现过严重的价值真空、信仰失落及国家文化认同危机。就此而言,伴随着中国的和平崛起,如何加强民族国家文化认同,尤其是不断加强中华民族的文化自觉意识和内在凝聚力,无疑是中国能否成为文化大国的关键。

　　文化的创新是我们面临的重大问题。百年中国的问题,就是中国的现代化,就是通过现代化建设使得中国从传统社会进入现代社会。一百年来,多少先哲为中国文化承续和创新呕心沥血,在他们的著述中一直隐含了一条解决中国文化问题的思想道路:通过现代化来解决中国文化传统问题。这就是探索活的文化,新的传统。中国传统文化是否有活力,不仅要看它在历史上所产生的影响,还要看它能否穿越时空,回应中国和世界在当下与未来所遇到的问题。

　　为什么说中华文明又是崭新的呢？这首先是五四以来形成了中国文化新的传统,为中华文化增加了新的元素。五四运动,把中国文明推进到一个新的历史阶段。这一新阶段就是给我们的文明奠基注入了科学和民主这一新的文化价值理念。与此同时,儒家文明所取得的一切优秀成果,作为一笔丰厚的遗产,又被中国新的文明批判地继承下来。五四以来中国文化新传统影响最大的是中国共产党创建的中国特色社会主义新文化传统。这个新文化传统又分为两个部分,一个是1949年新中国建国以来创建的社会主义平等传统。平等观念是现代国家最具革命性的思想力量。这一思想力量，可以说一直贯穿了近代以来中国外争国家和民族的主权独立，内争国家统一和人民共和国政体的建设的过程始终。即构建一个改革开放以来的新文化传统。这一新文化传统主要是由市场经济推动的，其中最主要的是自由竞争和程序正义的个人权利意识。

所谓通过现代化来解决中国文化传统问题，有两个层面的意思：其一是通过积极引入西方文明中最具活力及最具文明价值的思想理念，不断激发中国文化传统中活的因子，通过创造性转化形成新的中国文化传统；其次是通过对传统文化本身的批判和反思从传统文化的内在理路来重新诠释传统文化，复活传统文化中最具文明价值的思想因子。所以我们现在谈到中华文化的时候，既要把儒家文化作为当代中国文化向前推进与发展的一个重要资源，又要充分观照到五四运动和新文化运动对于今天的意义，不能因为重提传统文化而否定五四新文化运动。五四新文化运动给我们带来了科学、民主、人权、法治，这些成果在今天仍然是我们制度与精神的文明形态，而且它们恰恰是我们以儒家为主体的传统文化中所缺乏的。

从世界文化发展史看来，真正优秀的文化都是人文性的、民族性的和人民性的。儒家思想中真正的有活力的东西也是人文性、民族性和人民性的东西。这就是为什么我们要创作大型儒家文化交响乐《人文颂》的主要原因。所谓人文的，就是以人为本的，《人文颂》在这个意义上说，就是"以人为本颂"。

我们要建立的现代的中国文化，既是民族的、大众的，也是面向世界、面向未来的。在确立中华文化主体性的基础上，以开放的心态，平静而理性地面对西方文明给我们带来的冲击，尊重和接受世界的优秀文化和普世价值观念。中国已经不是那个隔绝于西方世界的古老中国,近代以来,西方的科学、民主、人权和法治等文化价值理念已经构成了中国文化的一个重要组成部分。当代中国文化现代价值意识的重建,一方面要大力吸收外来之各种学说,一方面又要不忘本民族文化之独立自主地位。费孝通先生曾提出"文化自觉"这一概念。要认识我们的文化传统及其演变,对生活于其中的文化有"自知之明",以加强对文化转型的自主能力,取得决定适应新环境、新时代的文化选择的自主地位,既不是要"复归",同时也不是要"全盘西化"或"全盘他化"。

中华文化,至今仍是全体中国人和海外华人的精神家园、情感纽带和身份认同。在国际关系的理论中有"文化中国圈"的地缘政治概念。中华文化五千年生生不息、绵延不断,她有自强的力量、兼容的气度和通达的智慧。我们应当与时俱进,学习和吸收世界各国文化的优长,以发展中国的文化,同时我们也要非常珍惜、发扬中华文化以人为本的人文传统,在中国经济崛起、政治影响扩大的背景中,重新认识和反思中国的传统文化,挖掘、弘扬中国传统文化的当代价值,促进传统文化向现代文化的创造性转化,将传统的文化资源转化成中国现实的软实力,在进一步与全球普世价值的融合中,不断增进中国的文化认同,通过国家文化主权,逐渐扩展中国文化的对外影响,提升中国文化在世界文化价值体系的主导的地位,实现中华民族的伟大复兴。

二、儒家文化的历史命运与时代意义

作为一个正在崛起的大国,在世界文化舞台上要有我们中华文化自己的声音。法国著名思想家于连教授曾经向中国知识界发出呼吁,希望中国知识分子迎接新世纪的挑战:"在世纪转折之际,中国知识界要做的应该是站在中西交汇的高度,用中国概念重新诠释中国思想传统。如果不做这一工作,下一世纪中国思想传统将为西方概念所淹没,成为西方思想的附庸。如果没有人的主动争取,这样一个阶段是不会自动到来的。"中华文明绝不是只能陈列于博物馆之中,它应该在新的时代,把它的价值和光辉,呈现在全人类的背景上面。

我们今天诠释儒家文化的历史命运和时代意义,并非回归儒学,而是从儒家文化的思想史中撷取精华,加以比较、分析和综合,在传统文化向现代文化的创造性转化过程中,焕发出新的生命。

诠释即是理论上的构建。于连提出的"在中西交汇的高度,用中国概念重新诠释中国思想传统。"这对我们理论工作者提出了非常高的要求。他首先要求我们厘清楚通过现代化解决中国文化传统问题思路中已经出现了一些错误观念,即认为中国的文化现代化就是越现代越好,现代化当成了我们文化追求的唯一目的,而不是把它看成是我们进行文化传统创造性转化的一种手段,一种方法。其次是,目前以西方概念来诠释中国传统思想的方法已经造成中国文化的深度西方化,即中国思想被束缚在西方的概念架构中,成为西方文明的一个部分。要重新理解以儒学为主体的中国传统文化的现代价值,从根本上取决于我们对中国现代处境的理解,要求我们在普遍意义上,在更高文明价值上把儒家文明的东西讲出来。这就要求我们摆脱现代西方价值观念的束缚,要从儒家文化的自身逻辑中寻求更高明的人生境界和政治理想。这也就是德国思想家马克斯·韦伯所强调的,一个国家、特别是它的精英阶层,必须有意愿和能力,在最高价值的层面上为自己文明的存在辩护,说明它的正当性,保持和增强它的理想色彩,在种种并存的、相互竞争的价值世界中,阐明自己的"存在必然性",在关键时刻,有勇气肯定自己的价值体系,并担当起捍卫自己文明的责任。正是在这个中国文明责任的历史高度上,我在最近出版的《文化主权与国家文化软实力》一书中指出,"民族政治意识的养成需要文化主权的锻造。在这一场全球化新的文化价值秩序领导权的争夺中,如果我们不能从主权角度来思考中国文化的现代转型,不能以文化主权来构造中国文化的现代价值形态,恐怕我们中华文明的复兴就会落空。文化主权的提出不仅是中国和平发展战略中的文化战略理论的重要构想,而且关乎中华民族在全球化时代的文明命运。"文化主权和文化权利理论的提出,就是为中国文化现代化,中国文化转型的自主能力在最高价值层面上进行辩护。

现代社会的本质是一个却魅的过程,现代化的推动力量是工具理性。这种以工具理性至上的现代观念,一度成为我们的不少理论界和政府官员的主导性思想,这种思想目前已经产生了诸多问题。反映在经济层面,是我们传统以资源消耗型的唯GDP增长模式。党中央提出"科学发展观",提出大力发展绿色经济,就是在经济发展模式上的拨乱反正;反映在社会层面,是原子式个人主义对家庭和社群的瓦解,传统中国的家庭伦理遭受了历史上未有的撞击;反映在文化层面,是以消费主义为主导的现代文化对传统文化的大面积侵蚀,以数量代替质量,传统文化几乎无招架之力,造成一个国家和民族的文化品质严重溃败。

在新的历史时期,我们提出以儒家文化为主体的中国文化的历史命运和时代意义,其目的就是要通过文化主权政治理想对传统文化进行锻造,用我们的生命血液喂活中国古老的思想灵魂。

中华文化光辉灿烂,绵延不绝数千年,必有其精神支柱。这便是中华文化的基本精神。在中国传统文化中,儒家文化无疑是核心,是中国历史文化的重要支柱与基础,对于中华民族的凝聚、团结和进步,对于中国的统一、稳定和发展,发挥了重大作用。同时,儒家文化也是整个人类精神文明的重要组成部分,对于东方文明和世界文明的发展与进步,产生了深远影响,其包含的人生和社会常道,具有超越时空的普遍价值。

中国文化的基本精神来自儒家哲学,来自儒家所提倡的积极有为、奋发向上、宽厚重德的思想态度。儒家推崇"天人合一"的境界,讲究"以德配天"。《易传》中提出"天行健,君子以自强不息","地势坤,君子以厚德载物",使得中华文化特别强调人的主体性、自觉性,把主体精神提升到和宇宙本体一样的高远境界,强调人的道德主体能动性的发挥和精神境界的追求。天地自然按一定的规律运动,人也遵照天地规律去认识和改造自身。时光荏苒,沧海桑田。五千年来,勤劳勇敢、矢志不移,刚健有为、自强不息的理念深深印在中华民族的集体记忆中,凝成我们的民族精神。

汤一介先生指出,儒学的复兴和中华民族的复兴是分不开的,这是由历史原因形成的。儒学自孔子就自觉地继承着夏、商、周三代的文化,从历史上看,它是中华民族的文化发育、成长的根。如果我们把这个根子斩断了,那么,我们中华文明复兴的希望也就没有可能了。儒家思想在两千多年的历史长河之中,不断发展变化,命运跌宕起伏。有好的一面,也有不好的一面,因此对它有种种不同的看法是很自然的。在我们今天这个全球化时代,我们应该怎么来看儒学呢。汤一介先生认为可以从三个不同角度来考察,一个是政统的儒学;一个是道统的儒学;一个是学统的儒学。他认为,儒学曾长期与中国历代政治结合,它的"三纲六纪"无疑对专制统治起过重要作用。儒家特别重视道德教化,容易把道德教化作用夸大,使中国重"人治"轻"法治",使政治道德化;另一方面又使道德政治化,道德成为政治服务的工具。总的来说,政统的儒学在历史上存在较多的问题。作为道统的儒学呢,从中国历史上看,中国有儒、释、道,三家都有其传统。其中儒家以传承夏、商、周三代文化为己任,主张"万物并育而不相害,道并行而不相悖",对其他的学派具有很强的包容性。其实就是儒学这种强大的包容性,使得儒家思想在历史过程中遭遇各种外来文化的冲击,不但没有被消亡,而且一次又一次地在挑战中进行文化更新,创造出一个又一个灿烂的中华文明历史新阶段。作为学术思想的儒家,包括它的世界观、思维方法以及对真、善、美境界的追求,应当说到现在仍然给我们的理解和建立一个美好的生活世界提供着丰富的思想资源。

回到希腊去! 这是西方文艺复兴时期启蒙思想家们喊出的振聋发聩的口号。14、15 世纪,通过重新发现古代丰富的文化遗产,通过对人的研究,构成这一时期哲学活动的背景。欧洲的文艺复兴,高喊回到古希腊去。从神权到人权,从君权至上到人权至上,欧洲从千年的文化停滞中苏醒过来。

回到先秦去! 回到人的本身,回到人的价值的肯定上去。同样是我们在寻找新的传统,活的文化,为迎接中国文化的文艺复兴打出的口号。冯友兰先生指出:"在中国哲学传统中,哲学是以研究人为中心的'人学'。"我们今天也有必要拂开历史的尘埃,从先秦儒家的源头去看,孔子创立儒家学说的根基是什么？是大写的人！这个人是丰满的、充满血气的、整全的人。在这点上，以孔子为首的儒家思想创建者，跟古希腊哲人们一样，思想的着力点都在对人的思想和尊严的阐发。被称为西方第一个人文主义思想家的古希腊哲人普罗塔格拉喊出"人是万物的尺度"，就是宣告人在宇宙中的特殊位置。

儒家思想，历朝历代都在谈，我们认为人是儒学的原点。儒家思想的核心就是人的自觉。仁义礼智信就是儒家提倡的人的核心价值。儒家以人为本位，必然有人的自觉。先秦儒家孔子、孟子等都尊崇人在天地之间的地位，肯定人的独立人格，重视人的尊严，肯定人人具有内在的价值。儒家认为，人活在世界上，最高的人生追求，就是要成为一个具有"仁"这种道德品质的"圣人"，儒家高度赞扬"不降其志，不辱其身"的志士仁人，这对形成中华民族精神起了巨大的积极作用。

儒家高扬人的主体意识，强调道德人格的养成，关注人的自觉、自立，人格的成长、发展。这是儒家学说关注的重点。儒家理想是"修身、齐家、治国、平天下"，这里有修己和治人两个层面，但不管是修己还是治人，儒家都以"君子的理想"作为枢纽观念。修己就是要成为"君子"，而治人的前提条件是必须先成为"君子"，故儒学也被称为"君子之学"。余英时先生考证指出，在早期的先秦历史文献中，"君子"并没有道德概念，而是贵族身份的专称，下层庶民即使有道德也不配成为"君子"，因为他们另有"小人"的专名。《左传》襄公九年十月条知武子曰："君子劳心，小人劳力，先王之制也。"这里的君子和小人讲的是社会地位和阶级身份。余英时先生认为，"君子"逐渐从身份地位的概念取得道德品质的内涵是一个长期演变的过程，这个过程，在孔子之前就已经开始，但却是在孔子手中完成的。"君子"和"小人"不再是一种社会身份的区分,而是一个人有没有道德的划分。"君子"成为儒家文化的一种道德理想,这是孔子对中国文化的巨大贡献。

在孔子心目中,君子是什么?子曰:"质胜文则野,文胜质则史。文质彬彬,然后君子。"这里的"文"是指文化教养,"质"是指人的朴实的本性。一个人如果没有文化教养,就会流于粗野,反之,一个人由于文化雕琢而掩盖了他的朴实本性,就又会流于浮华。所以,孔子认为真正的"君子",必须是在"文"和"质"之间配合得恰到好处。儒家的君子强调有人的情感、理智、信义,大智大勇,大仁大义。独立不惧,遁世无闷,才是真正的君子。《周易》蛊卦之上九云:"不事王侯、高尚其志",这种不事王侯、高尚其志的人正是坚持独立意志的人。而忠孝节义、礼义廉耻,更多提倡的是人对社会的责任,对群体的责任这种关系。人是一切社会关系的总和。在那个时代,君臣父子夫妻的"三纲",那是儒家应对当时的政治社会的问题所发展出来的一套治理秩序,它只不过是儒家外化的一种表现形式,这种外化形式依赖于其存在的现实问题,并随现实问题的改变而改变。这些绝不是孔子思想的核心。先秦儒家的思想重心是"君子"理想,君子的本质是"仁"。孔子强调"君子去仁,恶乎成名?君子无终食之间违仁,造次必于是,颠沛必于是。"又说"君子义以为质,礼以行之,孙以出之,信以成之。"在这里,孔子已经基本上把儒家的"君子"所应当具备的道德德目给全面揭示出来了,这就是仁义礼智信。"天行健,君子以自强不息",儒家强调的人应当具有丰富而刚毅的人格。

从汉武帝独尊儒术以后,儒家思想和中国以后的统治,形成了一种互相依存的关系。这种依存关系表现在,儒学在取得思想领域的主导地位的同时,反过来也为帝国统治提供文化合法性论证。一方面,儒家思想对中国政治,经过文化,特别是政治,达到了咨政、咨事的目的,对国家的政权稳定、发展,对东方的文明方式,都产生了重大影响。但是,这个过程之中,它对政权的发展是不断地促进,但同时也让学者对这个思想进行阐述的时候,更多的是从国家制度,从有利于统治,从统治者的学问这个角度去阐述得更多,而对孔子当时提倡的很多人文性的东西的阐述,近几千年以来,不能说没有,但是由于中国的政治体制和文化的变迁,这方面是被忽视了,需要在今天再重新深入发掘。儒家文化最闪光的东西,恰恰就是对人的重视,对人的尊严、人的智慧、人格的尊重。肯定人的价值,肯定现实生活的价值,肯定道德的价值,为了实现崇高的道德理想,可以牺牲自己的生命。中国古代儒家对人的观念的肯定和发掘,使得中国文化在一定程度上已经达到了人的真正自觉。无疑,儒家关于人的思想和学说,对于当代中国文化建设来说具有重大的意义和价值。

三、儒家文化的人文情怀

中国儒家文化是一种人文主义思想文化,这已经成为大家的基本共识。清华大学国学院院长陈来教授在其《古代宗教与伦理》一书中指出,周代的文化与周公的思想在型塑中国文化的精神气质方面起了重要作用,如果把西周政治文化概括为"崇德贵民",把西周的宗教文化在类型上归结为"天民合一",那么后来的中国文化历程中体现的道德人文主义的精神气质就是在此基础上形成的。作为继承夏商周三代文化为己任的儒家来说,道德人文主义精神气质自然是它最鲜明的特征。儒家传统重视"人文",儒家文化倾心于人的问题,具有极浓的人文关怀意蕴。

"人文"的内涵很复杂,涉及对"人文"、"人文主义"以及"人文精神"的理解。人文精神的核心是以人为本,这是人文精神的基本价值诉求,但是中西方文化在表述上是不同的,对"人文"的理解也是有差异的。"人文"一词,中国古已有之,与"天文"相对应。《周易·贲·象》指出:"刚柔交错,天文也;文明以止,人文也。观乎天文,以察时变;观乎人文,以化成天下。"中国哲学中的"人文",即是指"以文明之道(伦理道德)来教化天下"。在西方哲学中,"人文"相对应的英文则是"humanism",它是欧洲文艺复兴时期以来兴起的一种人文主义思潮,主张思想启蒙,倡导自由和个性解放,以"人道"、"人本"来与西方中世纪以来的"神本"的神学主义思想相抗衡,"人道"相对"神道","人本"相对"神本","人权"相对"君权"。

现在通行的"人文"一词,正是现代意义上"人文"的含义,即来自于西方的"人文主义"思想。西方人文主义思潮虽然滥觞于 14、15 及 16 世纪,但直至 19 世纪初,人文主义(Humanism)这一名词才最后成立,它由德国教育家 F. 尼特哈麦(F. Niethammer)于 1808 年所创。人文主义者所要教育的乃是完整的人。此外,人文主义还是一种重新研究西方古典思想的学说,意在通过对古典学问的批判来继承复活古典思想。人文主义是以人,尤其是以个人的生命、尊严、价值、意义作为出发点的一种哲学理论和价值观。既是一种理论,也是一种实践;既是形而上的思考,也是形而下的活动。欧洲自文艺复兴以来,正是在"人文主义"理念的指引下,高举"人道主义"的旗帜,呼吁

"自由"、"平等"、"博爱",张扬个性,倡导人权,推进了近代资本主义的发展。

由此看来,儒家文化中的"人文"与西方文化中的"人文"可以说是大异其趣,论域不同,含义也有很大的不同。它们分别是在各自不同的文化土壤上生长起来的价值理念。但是,儒家因其对人的关切,其人文内涵和意蕴则非常深厚。正如张岱年先生所指出的:"中国传统文化有一个显著的特点,就是以'人'为中心,这是儒家的特点,因为儒学在中国文化传统中居于主导地位,所以也成为传统文化的特点。西方近代有所谓人文主义、人道主义、人本主义,有些学者也用这些名词称述中国的儒学,有人则不以为然。无论如何,如果说儒学以人为本位,还是应该承认的。所谓以人为本位即是说以人为出发点,从人的问题出发,又以人的问题为归宿。"张岱年先生的思想,为研究中国古代"以人为本"的思想奠定了基础。可以这样说,儒家文化不是西方的人道主义,却有非常深厚的人道关怀思想;不是西方的人文主义,却有非常浓郁的、中国文化特色的人文气质或人文情怀。

儒家文化的人文情怀重要表现在以下几个方面:

一是肯定人的地位,彰显人的价值。儒家认为,人是万物中的一员,但又不是与万物平起平坐的一员,而是高于和优于万物的特殊存在。《孝经》引述孔子的话说:"天地之性人为贵"。荀子说:"人有气、有生、有知、亦且有义,故最为天下贵也"。董仲舒说:"天地之精所有生物者,莫贵于人"。这些论述表达的一个共同的意思是人"为万物之灵",集天地之精华,五行之秀气。人这个存在有如此之高的地位和价值,那么他的生命就应该被尊重。正是在这样的思路下,中国传统哲学是"人学",具有浓郁的人文气质。

　　二是重视人伦关系,倡导人伦义务。儒家文化非常重视人的社会关系网络——人伦关系。儒家认为,人来到这个世界上就落入到一张已经织好的人伦网络当中。没有人伦网络,人是空洞的,甚至是不存在的。所以,儒家讲"五伦",说的就是五种人伦关系:父子、君臣、夫妇、长幼、朋友。不但有这五种关系,对应每种人伦关系,还规定了相应的人伦义务:"父子有亲,君臣有义,夫妇有别,长幼有序,朋友有信"(孟子)。儒家认为这些关系是基本的社会关系,不可更改,不容置疑,有些甚至是与生俱来的、无可选择的——"天伦"。人在社会生活中,不但要尽职、尽责,而且要尽伦。这与西方哲学不同,西方哲学是个人主义的,中国哲学是整体主义的,西方哲学张扬的是个性自由,中国哲学着眼的是人伦和谐。正是因为儒家把人纳入到伦理关系当中,倡导人伦义务,并按照规定的义务进行伦理教化,所以中国传统哲学变成了伦理学,充满了人气,充满了中国特色的人文气息。

　　三是推崇人的主体性,强调独立人格。每个人都有其独立意志、独立人格。这是儒家思想中最值得注意的一点。从中国哲学传统上看,儒家文化特别强调主体内在道德意志自律、道德践行上的主体性。子曰:"为仁由己,而由人乎哉?"一切道德的行为都是出自内心的自然要求,强调个人的正心诚意、修齐治平,乃至杀身成仁。孔子提出"志士仁人,无求生以害人,有杀身以成仁",孟子提出"舍生取义",都是坚持自己的独立人格,曾子曰:"士不可以不弘毅,任重而道远。仁以为己任,不亦重乎? 死而后已,不亦远乎?"孟子提出大丈夫的人格,"居天下之广居,立天下之正位,行天下之大道,得志与民由之,不得志独行其道,富贵不能淫,贫贱不能移,威武不能屈,此之谓大丈夫。"

这都是对人的主体性和独立人格的明确表达。将内在的善端扩充，使之变为主体的道德意志，就能以"大丈夫"气概立于天地之间。儒家文化培养出来的人有大人格，有使命感和责任感，就是缘于这种道德精神的主体性和人格的独立性。

四是饱含忧患意识，担当历史责任。儒家从忧患意识出发，探讨的是个人整体之间的关系，强调的是个人与整体的义务和责任、人世与担当，"苟利社稷，生死以之"（《左传·昭公四年》）"苟利国家生死以，岂因祸福避趋之"（林则徐）。"铁肩担道义，妙手著文章"，真可谓是"千古文人家国梦，修齐治平济世心。"中国传统哲学以及传统知识分子的人文情怀寓于他们的政治关怀和社会关怀中，"为天地立心，为生民立命，为往圣继绝学，为万世开太平"，成为中国传统哲学人文情怀的典型表达。

五是探索社会理想，追求人生大道。儒家倡导"德治"，孔子强调仁爱（"仁者爱人"），孟子说要施行仁政（"以不忍人之心，行不忍人之政"）。"大道之行，天下为公"的思想，是儒家社会政治理想的最高境界，几千年来一直激励着仁人志士为之奋斗。这是儒家思想中最进步的内容，最有利于和谐社会建设的观念。儒家文化的最高理念，就是建设大同社会。这是中华文化的精神家园，也是中华民族的安身立命之地，表现出对社会理想的人性渴求。在个人生活中，儒家以道德完善作为人生的最高境界，在社会生活中，以道德完善为理想社会，将仁义（社会的合理性）原则放在首位。"为政以德，譬如北辰居其所而众星共之。""政者，正也。"孔子曰："子为政，焉用杀？子欲善而民善矣。""尊五美，屏四恶，斯可以从政矣。"孟子曰："老吾老，以及人之老；幼吾幼，以及人之幼。天下可运于掌。"归根到底，是期望建立一个人性化的社会,期望体现一个社会对个体的关怀。以仁者行仁政,将人性善推广到政治领域,就是"仁政"。孟子说,"人皆有不忍人之心。先王有不忍人之心,斯有不忍人之政矣。"仁心带来仁政,这种精神气质是对个体的人性要求,也是对社会理想的人性要求。"小康"是先秦儒家理想中所谓政教清明、人民安居乐业的社会理想。儒家伦理政治的更高社会形态是"大同"。"大道之行也,天下为公。选贤与能,讲信修睦。故人不独亲其亲,不独子其子。使老有所终,壮有所用,幼有所长,矜寡孤独废疾者,皆有所养。……是谓大同。"天下为公的理念,既显示了仁人的高尚道德境界,又显示了理想的社会政治境界,这正是以儒家为主体的中华文化所向往的社会理想境界和美好精神家园。

　　儒家文化的人文气质或者人文情怀,究竟可以为现代人提供哪些有益的思想资源?这是一个非常大的问题,也是百多年来随着中国近代化、现代化的历程,随着中国与世界的碰撞与交流,中国的知识界一直在努力思考的问题。儒家文化重视并倡导人际、人与社会、人的身心、人与自然诸方面的协调发展,在历代中国典籍的思想脉络里,不断地阐述和丰富"以人为本"的儒家价值理念。对于我们今天来说,这是我们新的传统、活的文化中最核心的价值观念部分,是中国传统文化向现代文化创造性转化的宝贵的思想资源。

四、儒家文化的整体生命宇宙意识

　　儒家文化表达的是整体的生命,仁义礼智信是其核心。儒家文化表达的是刚健的生命,士人的血气是其动力。

儒家文化是关于人的文化哲学,儒家的传统是关注人,要回到人的本身,回到人的整体上去认识问题,解决问题。人的存在是整体的存在,不是理性或者感性这样的单向度的人,而是整体的、丰富的人。在儒家思想里,天地人三者是并列的价值,从而把人的价值上升到生命宇宙意识。朱熹说:"天即人,人即天,人之始生,得之于天;即生此人,则天又在人矣。""天"离不开"人","人"也离不开"天","天"的道理要由"人"来彰显,这就是"人"对"天"的责任。所以,冯友兰讲儒家的人是天地充沛,精神圆满,是内外结合的人。

儒家思想非常庞杂,但其最根本的核心价值就是"仁义礼智信"。张岱年先生认为,儒家讲的仁义礼智信在当时有一定的阶级性,但还有更根本的普遍意义。而贺麟先生在分析儒家的三纲五常时,他说,纲是讲道德的绝对性。这是很值得深思的。我们现在讲儒家的三纲五常,由于三纲过于强调君臣父子的上下等级秩序关系,被认为是封建落后的思想,但同时把"仁义礼智信"这五常也当做脏水给倒掉了。其实,在一个更为根本的哲学层面,三纲五常除了它作为转化为社会应用层面的道德规范之外,还有作为道德的绝对性的层面。所以,如何从儒家思想的历史阶段性的价值形式向儒家思想的道德绝对性的价值形式过渡,这是我们目前重新诠释儒家思想最重要的途径,也是发掘儒家思想普遍意义的可能道路。

那么,什么是"仁义礼智信"的道德绝对性呢?就是强调"仁义礼智信"不仅是历史过程中表现出来的思想价值形式,更重要的是它超越历史本身的普遍性价值。这就把以儒家为主体的中国文化传统里那种"内在超越"的思想给重新诠释出来。

有学者指出,西方文化是在神圣和世俗社会相互对立的张力中发展出来的,相比而言,儒家文化是半宗教半哲学的文化类型,它没有切然二分的上帝世界和人的世界的对抗,而是"天人合一"的圆满融通。所以,中国文化一直具有很强的包容性。1998 年获诺贝尔经济学奖、被称为"经济学家的良心"的印度籍学者阿玛蒂亚·森写过一本很重要的书,叫做《Argumentative India》(《好辩论的印度人》,中信出版社 2009 年版),最近国内已经翻译出版了。他强调了印度文化中间的辩难,所以翻译成"能说善辩的印度人"。与印度文化相比,中国文化有什么特点呢? 杜维明先生提出一个"Dialogical China"的概念,就是"喜欢对话的中国人"。中国文明的特色就是对话,不仗势压人,也不惧怕对手,而是有礼有节,有理有度,强调通过对话来达致相互理解和进步。张德胜先生从德国思想家哈贝马斯的"沟通理性"获得启发,把儒家的"中庸"思想解释为一种成为介于工具理性和沟通理性之间的一种中庸理性。哈贝马斯提出沟通理性,其原因就是看到西方发达的工具理性已经出现了很多问题,并且走向了死胡同。因为工具理性具有单向和独白的特征,单向意味着只讲实效,不及其他,人的生活的多面性和丰富性就变成了扁平的了。这就是马尔库塞指出的"单向度的人"。独白是相对于对话而言,这种独白式的工具理性是一种目标取向的理性,它只管怎样运用现有的资源、手段和程序,最大限度地去完成目标;即使考虑对方的想法,也只是从策略角度出发,最终还是以自我为中心。所以,康德提出"人是目的,不是手段"这一道德绝对命令。不过,哈贝马斯的"沟通理性"需要一个"理想的言谈环境",这种理想化的条件约束,使得哈贝马斯的沟通理性在现实世界难以实施,而只能提供一个批判的立场。张德胜先生指出,儒家的中庸理性和工具理性、沟通理性价值理性具有一些共通之处,但不完全相同,它是一种另类理性,介于工具理性、沟通理性和价值理性之间的一种理性。中庸理性强调以整全观的视野,以自我节制的心态,求取恰如其分的最佳状态和结果。这样,我们可以深刻地理解到,为什么说中国文化一直是一种以和为贵的和谐文化。中国文化是一种以中庸理性为基础的情感理性,以人为本是儒家文化人文精神的本质特征与核心价值。我们社会主义的核心价值观念就是以人为本。我们要站在时代的高度,以现代理念去阐述儒家文化,取其精华,去其糟粕,赋予其新的生命和价值意义。

张岱年先生指出,"仁"的根本意义是承认别人与自己是同类,在通常的情况下要对别人有同情心,这种古代的人道主义在反对暴政方面有其积极的意义;"义"的根本意义是尊重公共利益,不侵犯别人的利益,包含尊重人的所有权的意义,也包括尊重人的独立人格;"礼"的根本意义是人与人的相互交往应遵守一定的规矩;"智"的根本意义是肯定是非善恶的分别,代表了人的道德觉悟;"信"的根本意义是对别人应当遵守诺言,信与诚是人与人之间相互对待的基本原则。

仁义礼智信这五个概念,在今天应当怎么看?这要求我们从道德绝对性的普遍意义上去看,要回到以人为本回到人本身来谈。何谓道德的绝对性,在1785年的《道德形而上学基础》一书中,康德说:"只有一个绝对命令,这就是:只按照一个准则行动,按照这个准则,你可以同时意愿它应当成为一个普遍法则。"在1788年的《纯粹理性批判》中,康德再次对绝对命令进行阐述:"你应当如此行动,使得意志的准则总是同时可以如同一条普遍的立法原理那样有效。"简而言之,就是指理性为行为立法。在道德绝对性的层面,要求我们把"仁义礼智信"提升到一个理性为行为立法的文化自觉意义上去,这样,我们才能更深刻地把握儒家文化的普遍意义,从而为世界文明建构出一套现代的儒家文明架构来,而不仅仅是各民族文化类型中的一支。

"仁",是以人为本的人性关怀。讲到"仁",就是人性化,是无限生机,无边的大地上承载着万物,生机勃勃、欣欣向荣,生命生生不息!大地无限生机!"忠恕"之道,行仁之方,"地势坤,君子以厚德载物","仁"在此基础上产生。仁,让我们想起温暖、厚重、柔和。仁者爱人,孕育万物,何等仁慈!温柔敦厚、承载万物,何等宽广!无边的大地上,万物生发,无偏无私。民吾同胞,物吾与也。万物一体,宇宙一家。

"义",是以人为本的正义大道。"义者,所以合宜也。"作为伦理学范畴的"义",是一个社会里公认为适宜的、应该的道德行为准则。全人类普遍认为"适宜"的道德原则,就是"天下之公义"。义,使我们想起刚强、磊落、硬朗。君子以义安命!士见危致命,舍生取义。勇发自内心。何以为勇?配义与道。面对真理时的义,是高山仰止的义。面对邪恶时的义,是赴汤蹈火的义。羞恶之心,义也。义者养心。君子喻于义。义忠诚地看守着良心和灵魂。仁为安宅,义为正路。天下大道。义者养气。直上云霄。义在平凡中沉默,在关键时爆发。涵泳之时,静若处子,爆发之时,如火山之喷发,如大河之冲决!

"礼",是以人为本的生命尊严。在先秦儒家看来,所谓礼者即是人情的自然要求,言辞举动之优美文雅,是从生命之深处发出,这是礼乐之根本。礼主要表达恭敬与和谐。维护社会秩序和稳定,促进人对人的恭敬与尊重,协调人际关系和睦,倡导言谈举止的文明礼貌。"礼之用,和为贵"。礼,使我们产生崇高、庄严、明丽的感觉。在表现儒家文化的"礼"时,要把其中凌驾于人之上的礼仪、制度打破。子曰:"不学礼,无以立。"仁者爱也,礼者敬也,乐者和也。礼仪之美,犹如繁花。儒雅、谦恭、内敛,蔼然长者,谦谦君子,优雅的举止,谦恭的相处,一切恰到好处地表达。生命力健康充盛,而又文雅有度。既有内美,又重文饰,文质彬彬,然后君子。

"智",是以人为本的人生智慧。儒家把"智"列为"五常"之一,认为追求知识,是人生的重要价值取向,智慧照耀着社会人生之正途,指引着通往真理的方向。"智者"不仅知识丰富,而且聪明智慧,孔子说:"知者不惑。"具有完善理想人格的君子,应当是"仁且智"。智,让我们想起的是光明、睿智、义理。真理素朴之至,真理意境高远。子曰"三人行,必有我师焉。"孟子云:"孔子登东山而小鲁,登泰山而小天下。故观于海者难为水,游于圣人之门者难为言。高山仰止,景行行止,虽不能至,心向往之。"

"信",是以人为本的生命承诺。所谓"信",即诚信。儒家把诚信作为人的基本道德。《中庸》认为"诚"是"天之道","诚之"是"人之道"。这等于是把"诚"作为至高无上的价值源头来看待。要取信于人,根本在于"反身而诚"。《大学》也以"正心诚意"作为"修身"的前提。孔子说:"人而无信,不知其可也。"信,让我们想起的是坚毅果敢、一诺千金,有金属感,明朗、坚强、阳刚。信是不食之言,不易之道。信是生命的承诺。曾子曰:吾日三省吾身,为人谋而不忠乎?与朋友交而不信乎?传不习乎?

从以上我们的解读可以看出,这五个字结合在一起,就是大写的整全的"人"字!这五个字凝聚在一起,就是大写的"和"字!这就是我们对儒家文化进行重新发掘,特别是对传统文化人文价值重新发掘得出的结论。

我们谈的仁义礼智信，不是要歌颂儒家的繁缛礼节、庙堂的庄严、等级森严以及那些死气沉沉的腐朽的东西，恰恰相反，我是要提炼出儒家生命的光辉、精神的高尚纯洁，对生命的尊重和礼赞，充分突出生命的尊严、快乐，表现生命欣欣向荣、民族的无限生机。比如，讲"仁"的时候，温暖敦厚、仁者爱人；讲"义"的时候，舍生取义、浩然正气；讲"礼"的时候，儒雅内敛、谦谦君子；讲"智"的时候，光明睿智、清新理性；讲"信"的时候，坚毅果敢、一诺千金，明朗、坚强、阳刚。我们必须认识到，这些才是儒家文化中有价值、有生命力的东西，我们在理论上应该有这样一个明确的表达。

中国儒家哲学以人为本，我们讲科学发展观也是以人为本的，尊重人、以人为本就是普世价值，没有比这更大的普世价值了。怎么尊重人，怎么以人为本，西方有西方的阐述方式，东方有东方的阐述方式。紧接着的第二个问题就是：人以什么为本？这是到今天为止理论界很少探讨的，我觉得东方的表达方式就是：仁义礼智信是人之本，这是今天的科学发展观和中国文化传统一脉相承的东西，也是接续西方人文主义思想的东西。仁义礼智信"五常"说的是立德、立人、塑造人，五常的思想中充满了人文主义的理性光芒。这些理念在今天依然是弥足珍贵的文化资源。

如何分析仁义礼智信这五个词之间的关系，中国古代的儒家，包括后世的儒家都有很多看法。冯友兰先生把这五个词分为两个逻辑层次，仁义为第一层次，礼智信为第二层次。实际上，在老子的《道德经》里也是这样一个说法。道家说："故失道而后德，失德而后仁，失仁而后义，失义而后礼。夫礼者，忠信之薄,而乱之首"。当然这是道家的说法,这是不对的,这就是什么都不提倡。围绕这些争论,包括新儒家也是强调某一个方面,或心性,或理义等等。那么,我们今天来解读仁义礼智信,它们应当是一种什么样的关系呢? 我认为,它们应该是在同一个逻辑层面上的,没有一个应该更加侧重,也没有一个应当舍弃,都代表了人的极为重要的某个方面。五个方面结合起来,才是一个大写的人,完美的人,才是理想的健全的人格。我是这样理解的。我们就根据这个思路对仁义礼智信进行阐述

我们五千年的文明古国,有自己独特的关于人的本质的理论构建,站在这个高度,我们发现东方哲学对人的价值的肯定,超过了西方很多大家。仁义礼智信这五个字,把对人的关爱,对生命的关怀,对力量的推崇,对和美的追求,对智慧的热爱,对信诺的坚守,淋漓尽致地表达出来了,把人的本质特征、精神境界和一个完整的、完美的人的各个层面都表达出来了。这样,一个人的人格是非常丰富的。而西方的很多哲学家,包括很多大的哲学家,在谈论人性、人格的问题时,只是偏重某一个方面。比如说,西方讲理性的时候,强调感性要服从于理性,强调理性至上,从而走向理性主义的道路,这是笛卡尔以来的思想模式;讲感性的时候,强调对人的欲望的全面肯定,强调激情对理性的反抗,这样就走向了非理性主义的道路,这是尼采以来的思想模式。这两者都是偏颇的。因为人是全面的存在。中国哲学表达的是人格特征五个方面的全面表达,这是最全面的表达,这是东方文化的优胜之处。

仁义礼智信的人格既有温润敦厚的一面,也有血性和刚健进取的一面。儒家刚健的观念,是从孔子开始的。胡适在《说儒》一文中就表示,孔子最大的贡献就是把殷朝遗民那种"柔顺

取容"的儒道改造为"弘毅进取"的"新儒行"。后来儒家把刚健作为人生的一个根本原则,这即是血气。孔子说:"刚、毅、木、讷,近仁",所以,在孔子那里,"仁"本身就是刚毅的。我们现在强调仁义礼智信,也是对一个这样的刚毅先民的血气传统的回归。在这个意义上,挖掘和转化中国传统文化中的血气,以之为当代的精神力量,是我们接续中国文化血气传统的内在理路。表达儒家的文化,既要表现人,表现人的理性、人的道德,也要表现人的大仁大义、人的血性。中国古代,尤其是先秦时候讲究一诺千金,血气文化非常丰沛。

温良恭让,孔子也。发强刚毅,亦孔子也。梁启超在《论支那宗教改革》一文中认为,孔教乃强立主义,非文弱主义。孔子于《系易》也,曰:"天行健,君子以自强不息。"曰:"独立不惧。"《中庸》言:"中立而不倚,强哉矫。"而《尚书·洪范篇》之末,叙述六极,以弱为最下,以之与凶、短、折、疾、贫并称。然则孔子六经,重强立而恶文弱,甚矣。自晋唐以后,儒者皆懦弱无气,大反孔子之旨。

在先秦时代,有荆轲刺秦王那种"风萧萧兮易水寒"的英雄气概,也有《战国策》中唐雎所表现的那种泰山崩于前而不改色的"士人之怒":秦王曰:"天子之怒,伏尸百万,流血千里。"唐雎曰:"大王尝闻布衣之怒乎?"秦王曰:"布衣之怒,亦免冠徒跣,以头抢地耳。"唐雎曰:"此庸夫之怒也,非士之怒也。夫专诸之刺王僚也,彗星袭月;聂政之刺韩傀也,白虹贯日;要离之刺庆忌也,苍鹰击于殿上。此三子皆布衣之士也,怀怒未发,休祲降于天,与臣而将四矣。若士必怒,伏尸二人,流血五步,天下缟素,今日是也。"挺剑而起。这种血气在魏晋以后逐渐内敛,唐代以后变得柔弱。当代我们弘扬仁义礼智信,就必须张扬这种血气文化。

我们提倡仁义礼智信,提倡先秦儒家的血气价值,这不仅因为它是一个文化问题,同时也是一个政治问题。在西方,血气一直是政治哲学的思想主题,血气是高贵价值的基础,或者说就是高贵价值本身,离开了血气,我们就不可能懂得什么叫高贵的,什么叫美好的事物。血气是指一种政治美德,它是正义女神的品性。所谓血气,就是人对何谓正确,何种东西带来尊严和荣誉的精神感受。人类共同体在一定程度上有赖于凭借血气捍卫财富与荣誉的分配。

我们看到儒家的文化,既是智慧型的文化,又是力量型的文化。所谓智慧型文化,是指一个民族文化崇尚理性,这种文化以追求知识和理性为旨归;所谓力量型文化,指的是一个民族文化充满刚健和血气。中国的先秦时期文化,可以说是这种智慧型、力量型文化的典范。中华民族之所以长盛不衰,这种血性的、自强不息的、勤奋的、艰苦卓绝的文化力量是其内在支撑。

五、通过文化主权战略拓展国家利益

胡锦涛总书记在中国第十一次驻外使节会议上强调"要加强公共外交和人文外交,开展各种形式的对外文化交流活动,扎实传播中华优秀文化",要努力使我国在政治上更有影响力、经济上更有竞争力、形象上更有亲和力、道义上更有感召力。道义的感召力就是精神层面的东西,怎么表达我们所崇敬的道义?这就必须高度重视国家文化软实力的建设。中国软实力包括中国特色社会主义道路的生命力、独立自主外交政策与和平发展道路的感召力,也包括中华文化的影响力和竞争力。中华文化的影响力和竞争力,要通过我们文化的传播和辐射来实现,通过向世界展示中华文化的核心价值来实现。

早在 2005 年,我曾撰写《文化战略与大国责任——对中国和平崛起的文化解读》一文(刊发在国家发展与改革委员会的《改革内参》,2006 年第 18 期上),对中国和平发展战略的文化战略进行了阐述。提出,在新的历史时期,随着全球化信息化的扩张,世界权力结构已经发生了巨大变化,其中一个最根本的变化就是权力性质发生了变化。正如美国学者约瑟夫·奈所指出的,在今天的全球化时代,软实力比过去更为重要,它可以扩大一国的影响力,并增强一国外交政策在其他国家眼中的合法性。约瑟夫·奈是站在美国国家利益角度上提出的战略思考,强调美国为了维持其全球领导地位,应当把硬性的军事力量和软性的吸引力结合起来,使之成为国家对外扩展的"巧实力"。对于正在崛起的中国,能否和平发展,是世界大国密切关注的重大世界性事件。学者时殷弘认为,中国的和平崛起并不是命定的必然,而只是一种可能性,其中最大的可变因素,就是西方军事大国对中国和平崛起道路的误判,从而增加了双方之间的贸易摩擦甚或战争等不确定性因素。所以,这首先要求我们理论界提出,中国之所以能够不走西式式通过发动霸权战争崛起的老路,而是可以走和平崛起的理论武器。中国文化历史的和平发展道路提供了中国和平崛起的思想武器,如何发掘中国传统文化中这种和谐发展的文化元素,使得近代以来的中国民族国家建设吸纳中国古老的文明国家理念,在中国文化主权的基础上,把中国建设成现代的文明国家。这是中华民族复兴的理论和现实要求。在这样的一个视野下,我们必须要有长远的国家文化发展战略。而国家文化战略这座理论大厦的两个基本支柱：一个就是公民的文化权利，就是要让每个公民都享有基本的文化权利；另一个就是国家文化主权，就是在吸纳世界最优秀的文明的基础上确立中华文明的主体性地位，通过国家文化主权的张扬来拓展国家利益。在这个理论体系中，我们一方面要维护和实现公民的文化权利。另一方面要通过文化主权拓展国家利益。通过弘扬中华文化，输出中华文化，我们才能实现国家的文化主权，同时，在确立中华文化主体性的基础上，以开放的心态，平静而理性地面对西方文明给我们带来的冲击，尊重和接受世界的优秀文化和普世价值观念。

让我们在耳边回放一下古希腊雅典时期的政治家伯里克利对"雅典禀性"的阐述："我们的政制不是从我们邻人的法律模仿得来的，相反，我们自己是别人遵循的典范，而不是别人的模仿者。""面临危险时，我们愿意以轻松的情绪而不是严酷的训练去应对，我们所凭靠的勇气来自我们的生活方式而不是法律的强制；这是我们的优势。""我们热爱美的事物但不奢侈，热爱智慧但不柔弱。"中国的崛起是大国的崛起，纵观历史，所有的大国崛起都不只是经济物质层面的崛起，更根本的是文化精神层面的崛起。只有文化上的崛起和复兴，才能获得世界的尊重，也才有持久的和平与繁荣。而文化上的崛起，要求一个大国的文化应当成为其他国家的文化典范，特别是它的制度文化和观念文化应当成为当代文明的主流典范和主流话语，影响遍及全球。一个崛起的大国应当给世界提供一种具有普世价值的道德和文化理念，而且要通过自己的文化，对世界历史有所贡献，在世界有吸引力，对本国人民有巨大的鼓舞力量。因此，从国家战略角度看，中国作为大国的崛起，不仅应体现为经济上的强大，更应体现为具有五千年历史的文明大国在理念上的建构,中国应成为国家理念和文明形式的创新者,它的国家理念和文明形式要为其他国家所尊崇。这表明,中国的崛起在最终意义上应当是文化的崛起,是中华文明的复兴。

约瑟夫·奈认为,软实力有三个主要资源:文化、价值观念和与其相一致的政治制度以及外交政策。文化软实力,是构成一个大国的不可缺少的要件,向世界输出自己的核心文化价值,是具有强大文化软实力的标志。传统中国的文化战略是防御性的,这造成了西方世界对中国文化缺乏了解甚至是误解,而目前,中国在制度文化和观念文化层面的"软实力"对世界的影响,还有待加强。中国要和平崛起,决定了中国文化主权战略必须具有大国的文化政治意识及相应的进取性和主动性,必须要采取主动的文化战略,要积极走出去,和世界各地的文化进行交流,寻求其他国家对我们的文化的理解和认同。这就必须有文化价值观念的输出,把中华文化之美和价值的光辉展现在世界面前。要向世界证明,中国不仅已是一个经济产品的制造大国,而且将是世界思想知识产品的生产大国。

我们应当怎样做,我们要向世界输出怎样的文化价值观?正如费孝通先生所指出的:"在中国面向世界,要世界充分认识我们中国人的真实面貌,我们首先要认识自己,才能谈得到让人家认识我们和我们认识人家。"就世界范围而言,具有五千年历史的中国文化,源远流长,博大精深,曾使中国跻身于世界性文明国家的行列,为世界文化的发展做出了重大的贡献,赋予中华民族无比的自豪和自尊,成为中华民族集体认同的价值来源。近代,我们的文化衰落了,中国文化传统怎样在西方现代文化挑战之下重新建立自己的现代身份,这是五四以来,中国知识分子一代又一代的共同问题。当前,在全球化的语境下,我们要找回中华文化的自信,必须创造性地继承和转化中国文化传统,不断激活中国传统文化的当代价值,形成当代中国新的现代国家核心价值理念,以此提升中国现实中的文化软实力,为中国文化认同的增强和中国文化走出去,提供更强大的价值依据。

中国具有世界最丰富的文化资源,但是它目前在世界文化上的影响力还非常不足。这涉及我们如何通过有效的手段把传统文化资源改造成为向世界展示的文化软实力。中国儒家传统文化是一种礼乐文化,所以,在重新认识和反思中国的传统文化,挖掘、弘扬中国传统文化的当代价值方面,我们创作的大型儒家文化交响乐《人文颂》做了有益的尝试。我们深入发掘儒家文化中那些最闪光的精神价值,努力把中国文化的核心价值理念,把中国文化对人的重视,以人为本的理念,推广到全世界,突现中国文化的感召力,确立中华文化在世界主流文化中的身份。文字要翻译,语言有边界,但是音乐没有国界,它是可以超越任何民族和国家界限的。我们首先把人的形象立起来,歌唱仁义礼智信,歌唱人的仁爱、气节、和美、智慧、信义,张扬人的文化生命和道德本质,张扬这种以人为本的古老文化价值观念,就是张扬我们的文化主权。在今天,所谓全球伦理和普世价值,就是尊重人、以人为本,没有比这更大的普世价值了。中国要张扬的文化主权,就是要张扬以人为本的古老文化价值观念,这就是我们文化主权的核心价值。这个核心价值,有着极大的文化吸引力和道义的感召力,东西方文化可以就此展开对话和交流。我们所表达的中华文明的精神精髓,在音乐的"润物细无声"中让全世界人们欣赏和心悦诚服地接受,这就通过对文化主权的张扬来拓展了国家利益。因此,我们创作大型儒家文化交响乐

《人文颂》,这部作品绝对不单纯是对儒家文化的一个简单音乐表达,而是从国家战略的高度出发,以中国文化走向世界为宏大背景,将中华文化的价值和光辉展现在全人类面前的艺术表达。

六、儒家文化交响乐《人文颂》创作始末

弘扬中华传统文化的核心理念,构建中华民族共有的精神家园,推动中华文化走向世界,这是我们致力于大型儒家文化交响乐《人文颂》创作的出发点。

交响乐《人文颂》的筹备工作已历时三年。这一工作一直是和我自己对国家文化战略的思考紧密联系在一起的,可以说是我的国家文化战略结构中的一个组成部分。文化是国家的软实力,它在最终意义上决定了国家之间的核心竞争力。大国要崛起,必先在文化上崛起;中华民族要复兴,必须张扬我们的文化主权。有精品力作才能传世,才能向世界展示自己文化的魅力。用交响乐的形式来阐述中国传统儒家文化,是考虑到,中华文化核心精神价值的弘扬,应该是站在中西交汇的高度,必须既有中国文化的特点,又要有世界文化的特点;既要有东方文明、传统文化中的独特表达和核心价值,又要有世界普遍认同的价值。音乐无国界,是传播中华文化核心价值的最好的载体之一,《人文颂》尝试用交响乐来体现儒家文化,这在中国音乐史上本身就是一件划时代的举措,必将吸引世界人们的目光。

按照我们的惯例,在音乐创作前,要写作文学脚本以帮助音乐家深化主题、理解义理、启发想象。我委托了几家单位创作文学脚本,这些本子对儒家的思想在理论上进行阐述,各有所长,

各有其美,但与我要表现的思想尚有距离,感觉还没有写出精彩,不能动人心弦。我想要突出的精神特质,不是要歌颂儒家的礼节、庙堂的庄严、等级森严的东西,不食人间烟火的东西。相反,我是要反映儒家生命的光辉、精神的高尚纯洁,以及对生命的尊重和礼赞。我们的创作,在基本风格上不是追求那种庄严宏大,相反,我比较喜欢像"蒹葭苍苍,白露为霜,所谓伊人,在水一方"、像"窈窕淑女"那种轻快活泼的境界,这才能与生命的生生不息、与民族无限的生机相结合。韩望喜博士是中国著名伦理学家罗国杰教授的学生,有深厚的学术渊源和扎实的学术功底,也有丰富的艺术想象力。我把我的想法跟他一说,两人一拍即合。对这个交响乐,我时刻萦绕在心,有很多的思考,一有机会,我就会和韩博士一起研究文学本子。我去外地出差时也会把一些思考和诗句写下来,回来后与韩博士进行交谈,最后形成了目前的本子。这就是创作的脉络和概况。现在看来,这个本子基本达到了我的要求。

儒家文化的核心是"仁义礼智信",交响乐《人文颂》分五个乐章对"仁义礼智信"进行逐一表现,突出了生命的尊严、快乐,表现了生命欣欣向荣、民族的无限生机。序曲是"天·地·人",是生命的礼赞;第一乐章讲"仁",表达温暖宽厚的仁者情怀;第二乐章讲"义",表达舍生取义的浩然正气;第三乐章讲"礼",表达儒雅谦恭的君子风范;第四乐章讲"智",表达明哲睿智的清新理性;第五乐章讲"信",表达一诺千金的坚毅果敢。尾声是"大道之歌",是人文的歌唱,表达生命的欣欣向荣,人文的源远流长,心灵的波澜壮阔。整部作品以这样的方式表达中华民族核心价值,将中华文化的价值和光辉展现在全人类面前,这就通过对文化主权的张扬来拓展了国家利益。今后国家文化战略中的孔子学院建到哪里,这部作品就可以演到哪里,使这部交响乐成为中国文化扎实走向世界的桥梁。

从另一个方面看,《人文颂》的创作体现了深圳这座城市的文化自觉。特区成立 30 年来,深圳不仅在经济发展上领跑全国,而且在文化上也成为中西文化对话的桥头堡,并逐渐探索出一种高尚的城市文明模式。这一城市文明模式的核心文化价值理念就是创新型、智慧型和力量型的文化。深圳作为一个移民城市,其文化血液中有着丰富的中华母体文化基因,体现了中华文化的丰富性和活力,民族传统的浸润无处不在。深圳又是一座改革开放的前沿城市,连接中西,在大量的对外开放和交流活动中吸收了世界文明的精华,在传统的浸润和现代的创造中,深圳开创了一种崭新的文化气象和精神力量,特区成立 30 年来,深圳在经济高速发展的同时,文化建设也在不断发展壮大,在文化体制改革、文化精品创作、文化产业发展、精神文明创建、公共文化服务体系建设等方面都取得丰硕成果。继去年获得"设计之都"荣誉后,深圳又荣获"全国文化体制改革先进地区"、"杰出的发展中的知识城市"等称号,深圳已经成为中华文化走出去的重要基地。《人文颂》正是站在世界文明的视野来阐释中华民族核心价值,展现中华文化的价值和光辉,既承续历史,又赋予其时代意义,以音乐的形式,发掘其智慧,表达其力量,呈现其境界,颂扬其生命。在世界文明的舞台上,高唱华夏正声。

前　言

一、创作缘起

党的十七大报告提出，"弘扬中华文化，建设中华民族共有精神家园"。伟大复兴需要伟大文化，中华文化是中华民族认同的精神纽带，也是张扬国家文化主权的重要载体。我们创作大型儒家文化交响乐《人文颂》，不是单纯对儒家文化的一个简单的音乐表达，而是从国家战略的高度，考虑中华民族的文化认同和中国文化走向世界的问题。大国之崛起，不只是经济物质层面的崛起，更根本的是文化精神层面的崛起。大国崛起以后，文化怎么崛起，在这方面应该有代表性的声音，将中华文化的价值和光辉展现在全人类面前，这是我们国家文化战略的重要内容。文化战略理论包含两个基本支柱：一是公民的文化权利，就是要让每个公民都享有基本的文化权利；二是国家文化主权，就是在吸纳世界优秀文明成果的基础上确立中华文明的主体性地位，通过国家主权的张扬来拓展国家利益。公民文化权利是基础，国家文化主权是保障。中国要真正成为大国，就一定要在文化上崛起,崛起的标志,就是文化主权的张扬,而文化主权的张扬,就必须有自己的核心精神价值在里面。

在中国传统文化中,儒家文化无疑是核心,是中国历史文化的重要支柱与基础,对于中华民族的凝聚、团结和进步,对于中国的统一、稳定和发展,发挥了重大作用。同时,儒家文化也是整个人类精神文明的重要组成部分,对于东方文明和世界文明的发展与进步,产生了深远影响。儒家所提倡的"仁义礼智信",体现着儒家文化中最富人文色彩的核心价值,包含着深厚的生命关爱和社会关怀,深邃的人生智慧和生命境界。"仁义礼智信"这五个字,把人的本质特征、精神境界和一个完整的、完美的人的主要层面都表达出来了。这五个字,结合在一起,就是大写的"人"字;凝聚在一起,就是大写的"和"字。儒家文化这些积极、骨干的思想,与我们的社会主义核心价值一脉相承。交响乐《人文颂》力求将儒家文化中蕴含的"以人为本"的核心理念发扬光大,因为这不仅是中华文化的精华所在,而且具有非常重要的现实意义。现在,党中央大力倡导"以人为本"的科学发展观,这不仅体现了我们党在科学认识社会发展方面的重大飞跃,同时也体现了对中华文化的继承、发展和创新。这是新的传统,活的文化。构建社会主义和谐社会,站在时代精神的高度,对中华传统人文精神进行继承、发展和创新,对于推动中华文化走向世界,实现中华民族的伟大复兴,有着极其深远的影响和意义。

交响乐《人文颂》站在时代的高度,以现代理念去阐述儒家文化,取其精华,去其糟粕,赋予其新的意义,使之与当代社会相适应、与现代文明相协调。《人文颂》分五个乐章对"仁义礼智信"进行逐一表现,突出了生命的尊严、快乐,表现了生命欣欣向荣、民族的无限生机。第一乐章讲"仁",表达慈爱宽厚的仁者情怀;第二乐章讲"义",表达舍生取义的浩然正气;第三乐章讲"礼",表达儒雅谦敬的君子风范;第四乐章讲"智",表达明哲睿智的清新理性;第五乐章讲"信",表达一诺千金的坚毅果敢。整部作品是"人文的歌唱",表达生命的欣欣向荣,人文的源远流长,心灵的波澜壮阔。《人文颂》站在这样的理论视野来阐释中华民族核心价值,展现中华文化的价值和光辉,以音乐的形式,发掘其智慧,表达其力量,呈现其境界,颂扬其生命。在世界文明的舞台上,高唱华夏正声。以后国家文化战略中的孔子学院建到哪里,这部作品就可以演到哪里。

二、标题释义

一切哲学思考都凝聚着历史的、民族的记忆。中华民族具有独特的文化传统,蕴涵着博大的人文精神。

中华文化的主体是儒家文化,儒家人文精神表达了中国传统文化的精神气质。儒家殚精竭虑,探求天人之道,立己立人,尽心知性知天,其以人为本的思想以及尚公、重礼、贵和的人文精神,今天依然回荡在神州大地上,对这种人文精神的歌唱,依然有着重大的历史和现实意义。

站在时代精神的高度,对中华传统人文精神进行继承、发展和创新,十分重要。儒家文化交响乐《人文颂》以儒家思想主体"仁义礼智信"为主线,歌唱理想的人格、生命的光辉,颂扬中华文化的源远流长,中华民族的生生不息,是对中华传统人文精神的继承、发展和创新,是将中华文化的价值和光辉展现在全人类面前的艺术表达。

古人云：盛世歌以颂。"颂"之乐歌，中国古已有之。在《诗经》中，《颂》是最庄严宏大的乐曲。在西洋，也有类似的乐曲。我们今天来歌唱中国的文化传统和人文精神，其大气与广阔，宜以"颂"名之。

三、哲学立论

儒家文化，是求至善之学。仁、义、礼、智、信是五种常行之德，言约义丰，义理深邃。得此五者，使天得其正，使人得其所，使物得其用。人文昌盛，天下和谐。

《人文颂》是生命的颂歌。表达生命的欣欣向荣、民族的无限生机。

序曲"天·地·人"，是生命的礼赞。第一乐章"仁"，是仁者爱人的情怀，表现生命的关怀；第二乐章"义"，是发强刚毅的勇气，表现生命的力量；第三乐章"礼"，是恭敬和谐的风范，表现生命的境界；第四乐章"智"，是发愤求道的理性，表现生命的选择；第五乐章"信"，是切已自反的思诚，表现生命的承诺。尾声"大道之歌"，是生命的歌唱。

四、文学主题、音乐意象及色调象征

《人文颂》是哲理，是音乐，是诗歌，是恢宏磅礴的大型音诗画。分为七章。序曲:天·地·人;接下来五章:仁义礼智信逐一展现;尾声:大道之歌。

　　音乐文学本在写作的时候,很注意阐发义理,加上吟唱、故事,营造气氛,抒发情感,并且赋予这部作品以强烈的画面感。序曲的意象为"天·地·人",表达儒家"天人合一"的哲学理念;仁的意象是"山·水",表达爱人之心,色调象征为"生命之青绿";义的意象是"琴·剑",表达刚毅之心,色调象征为"刚烈之赤红";礼的意象是"玉·帛",表达恭敬之心,色调象征为"温暖之澄黄";智的意象是"书·简",表达求道之心,色调象征是"素朴之玄黑";信的意象是"言·诺",表达思诚之心,色调象征是"无欺之纯白"。尾声的意象为"大道",表达儒家"大道之行"的哲学理念。皆是刚柔相济、呼之欲出的联想,中国文化的神韵跃然纸上,也便于作曲家的情感表达。

　　读圣人之书,高山仰止。听圣人之乐,心向往之。儒家文化交响乐《人文颂》既承续历史,又赋予其时代意义,将世界文明的宽阔视野和中华文化的核心内涵融合无间。聆听此乐,勿听之以耳,要听之以心,以一人之心渐至于千万人共通之心。心灵的合唱,大道的颂歌。

序曲 天·地·人

天·地·人:鸿蒙初开,万物化生。生命在宇宙中的最初萌动,如种子破土而出般的清新与蓬勃。生命,是宇宙的奇迹,是人文的先声。儒家文化充满了对生命的礼赞。

歌咏:大哉圣人之道。洋洋乎发育万物,峻极于天。

文学主题:

听,大地在歌唱,以你喜悦的心倾听!

天地之大德曰生。[1]

鸢飞鱼跃,万物并育。

生命生生不息! 大地无限生机!

呼吸天地的灵气,领悟生生之谓易。

天何言哉? 四时行焉,百物生焉!

寒暑迭来,日月更出,江河奔流不息。

天地之道,生生相续。

巍巍乎! 唯天为大。

洋洋乎! 圣人之道。

道之大,原出于天。

6

人道本于天道。天人一也。

小德川流,大德敦化。[2]

发育万物,峻极于天。

君子以德配天。与日月合其明。

与天相配,刚健有为;

与地合德,仁民爱物。

天行健,君子以自强不息。

地势坤,君子以厚德载物。

人集天地之精华,五行之秀气。

天有五行,人有五德。

君子之德,仁义礼智信。

仁,宽裕温柔,足以有容;

义,发强刚毅,足以有执;

礼,齐庄中正,足以有敬;[3]

智,文理密察,足以有别;

信,天下至诚,足以立人![4]

音乐意象:天·地·人

人者,天地之心。

天地人万物之本也。

天地缊缊,万物化醇。阴阳交感,化生万物。

天道流行。天之刚健,地之厚重,人之灵秀。

天地与人是一个和谐体。

序曲天·地·人,以及一至五乐章所表达的是人与人、人与
自然的和谐。

7

【注释】

[1] 天地之大德曰生:语出《周易·系辞下》。天地最大的德
性是生育万物。

[2] 小德川流,大德敦化:语出《中庸》。小德如江河,川流不
息,大德敦厚,化育万物。

[3] 齐庄中正,足以有敬:语出《中庸》。恭敬庄重,保持中正,
足以使人敬佩。

[4] 天下至诚,足以立人:语出《中庸》:"唯天下至诚,为能经
纶天下之大经,立天下之大本,知天地之化育。"唯有天下
至诚的圣人,才能掌握治理天下的法则,确立天下的根
本,通晓天地的化育。

第一乐章　仁

　　仁者爱人。天下归仁。仁爱,是华夏民族对爱的独特理解和贡献。它是血浓于水的血缘之爱,是关怀同类的人类之爱,是尊重生命的宇宙大爱。它源于人的恻隐之心,爱我们的父母,爱我们的亲人,并尊重一切生命的权利和价值。它是对生命的本能的感动,博大而宽厚,纯朴而深沉。

　　歌咏:己欲立而立人,己欲达而达人。己所不欲,勿施于人。

文学主题:

　　听,仁者在歌唱,以你博爱之心倾听![1]
　　仁者爱人,石破天惊!
　　在刀光剑影中看到犁铧,
　　于金戈铁马中听到弦歌,
　　仁,让我们想起温暖、厚重、柔和。
　　仁者爱人,孕育万物,何等仁慈!
　　温柔敦厚、承载万物,何等宽广!

无边的大地上,万物生发,无偏无私。

仁,天地间人类的尊严,万物的生机!

孔子奔走列国,仰望星空:

为政以德,譬如北辰居其所而众星共之。[2]

远人不服,修文德以来之。

四海同心,协和万邦。

孟子游说列王:

三代之得天下也,以仁!

王行仁政,

天下仕者皆欲立于王之朝,

耕者皆欲耕于王之野,

商贾皆欲藏于王之市,

行旅皆欲出于王之涂。[3]

天下之人归向仁,如江河之水奔向大海,

谁能阻挡?

孔子临水而叹:水哉! 水哉!

何取于水也?

原泉混混,不舍昼夜,盈科而后进,放乎四海。

孟子以水作喻:

人性之善也,犹水之就下也。人无有不善,水无有不下。

恩推四海,泽被万物。

以德服人,不以力服人。[4]

行王道,不行霸道!

听,仁者在歌唱,以你宽厚之心倾听!

忠恕之道,行仁之方。[5]

尽己之心,推己及人。

己欲立而立人,己欲达而达人

己所不欲,勿施于人。

万世金言,万民倾听!

宽则得众,有容乃大。

爱的本质是包容。

万物并育而不相害。

道并行而不相悖。

世间万化,同源同本。

万物一体,宇宙一家!

民吾同胞,物吾与也。[6]

人皆是我同胞,物皆是我同类。

仁者以天地万物为一体,莫非己也。

仁者无疆,仁者大美也!

四海之内皆兄弟也,君子何患无兄弟?

天下无一物非我也,草木何患无所寄?

　　(故事一:"兄弟之喻"。孔子的学生司马牛与子夏对话。司马牛忧曰:"人皆有兄弟,我独亡。"子夏曰:"君子敬而无失,与人恭而有礼,四海之内,皆兄弟也。君子何患乎无兄弟也?")

　　(故事二:王阳明的"万物一体喻"。"盖天地万物与人原是一体,其发窍之最精处,是人心一点灵明。风、雨、露、雷、日、月、星、辰、禽、兽、草、木、山、川、土、石,与人原只一体。""'仁者以天地万物为一体'。使有一物失所,便是吾仁有未尽处。")

　　听,仁者在歌唱,以你恻隐之心倾听![7]

恻隐之心,仁之端也。

仁者爱人,人皆有不忍人之心。

先王有不忍人之心,

斯有不忍人之政。

不忍之心,为良善之根,人性之源。

我们在母亲慈祥的眼神中看到了它

那种慈悲,那种宽容,那种怜悯。

仁者不杀,仁者能恕。

厩焚,子曰伤人乎,不问马。[8]

子食于有丧者之侧,未尝饱也。

子于是日哭,则不歌。

今人乍见孺子将入于井,皆有怵惕恻隐之心。

仁者的心,是行者的心。

行走在仁德的路上,君子无终食之间违仁,

造次必于是,颠沛必于是。[9]

(故事三:孟子的"井喻":"人皆有不忍人之心。所以谓人皆有不忍人之心者,今人乍见孺子将入于井,皆有怵惕恻隐之心……"。

译文:孟子说:"人都有不忍伤害别人的心。之所以说人都有不忍伤害别人的心,假如现在有人忽然看到一个孩子要掉到井里去了,都会有惊恐同情的心情——不是想借此同孩子的父母攀交情,不是要在乡邻朋友中博取名声,也不是讨厌那孩子惊恐的哭叫声才这么做的。由此看来,没有同情心的,不是人;没有羞耻心的,不是人;没有谦让心的,不是人;没有是非心的,不是人。同情心是仁的开端,羞耻心是义的开端,谦让心是礼的开端,是非心是智的开端。")

听,仁者在歌唱,以你的纯朴之心倾听!
大人者,不失其赤子之心。[10]
心得其正,然后知性之善。
爱是真纯的初心。
如婴孩童真的眸子,闪耀着人性的曙光。
赤子之心,即是本心。
婴儿纯朴的心灵,
流露出良善的本性。
孩提之童,无不知爱其亲者,
及其长也,无不知敬其兄也。
纯朴的本性,如牛山之木,[11]
郁郁葱葱,何其丰美。
仁心,非由外铄。
我固有之,人皆有之。
为仁由己,
我欲仁,斯仁至矣。[12]
赤子的心,如火之始燃,泉之始达。
若能扩而充之,将成高山大河!

听,仁者在歌唱,以你慈爱之心倾听!
仁义礼智根于心。仁者的心是慈爱的心。
仁者之爱,如大海的波涛。
亲亲而仁民,仁民而爱物。
挚爱亲人,仁爱百姓,仁爱万物。

13

仁者无不爱也，

犹如波浪向外绵延，

大德有大爱，

大爱有力量，

冲破时空的阻隔，

融化心灵的坚冰，

仁者无敌于天下，

四海之内，皆举首而望之，

若大旱之望云霓。

亲亲之仁，敬长之义，达之天下，

老吾老以及人之老，幼吾幼以及人之幼。

老者安之，朋友信之，少者怀之。

听，仁者在歌唱，以你和美之心倾听！

仁者的心，中正平和。

乐而不淫，哀而不伤。[13]

喜怒哀乐之未发，谓之中；发而皆中节，谓之和。

孔子在齐闻《韶》，

舜的仁心让他向往，中和之美让他沉醉，

三月不知肉味，不图为乐之至于斯。

颜渊问为邦，孔子以韶乐告之。

古帝王作乐以象德，合于中和之音。

子谓《韶》，"尽美矣，又尽善也"。

谓《武》，"尽美矣，未尽善也。"

又恶郑声之乱雅乐也。未合中和之美。

中也者，天下之大本也；和也者，天下之达道也。

致中和，天地位焉，万物育焉。

乐者，通伦理者也。

诗三百篇，孔子皆弦歌之，

以求合韶武雅颂中和之音。

此乃华夏正声。

（《乐志》曰："琴有正声，有间声。其声正直和雅，合于律吕，谓之正声，此雅、颂之音，古乐之作也；其声间杂繁促，不协律吕，谓之间声，此郑卫之音，俗乐之作也。雅、颂之音理而民正，郑卫之曲动而心淫。然则如之何而可就正乎？必也黄钟以生之，中正以平之，确乎郑卫不能入也。"）

听，仁者在歌唱，以你天下之心倾听！

仁者的心，是天下之心。

居天下之广居，

立天下之正位，

行天下之大道

何谓大道？

为天地立心，

为生民立命，

为往圣继绝学，

为万世开太平。

仁者的心，是志于道的心。

孔颜箪食瓢饮，

不忧己之困厄，

忧道之不行，

仁者的心,是无忧的心。

乐天知命故无忧。

何谓知命?

乐以天下,

忧以天下,

仁者的心,是弘毅的心。

任重而道远,

以天下为己任,

不亦重乎!

死而后已,

不亦远乎!

音乐意象:山·水

色调象征:青绿(生命之色)

仁,感通天地人心,生发世间万物;

仁,体现生命的关怀。

仁者如山,何其厚重;

仁者之风,山高水长。

【注释】

[1] 博爱:语出董仲舒《春秋繁露·为人者天》:"圣人之道,不能独以威势成政,必有教化。故曰:先之以博爱,教以仁也。"另见韩愈《韩昌黎集·原道》:"博爱之谓仁,行而宜之之谓义,由是而之焉之谓道,足乎己无待于外之谓德"。

[2] 为政以德,譬如北辰居其所而众星共之:语出《论语·为政》。用道德来治理国政,自己便会像北极星一般,在一定的位置上,别的星辰都环绕着它。其比喻是说,如能行德政,天下就能归服。北辰,指北极星;共,同"拱",意为相近、环抱、环绕。

[3] "王行仁政"等五句:语出《孟子·梁惠王上》。现在大王若能施行仁政,使得天下入仕的人都愿在大王的朝廷任职,耕田的人都愿在大王的田野耕种,行商坐贾都愿到大王的集市上做生意,来往的旅客都愿到大王的道路上行走。(如果能这样,谁能抵御大王呢?)

[4] 以德服人,不以力服人:语出《孟子·公孙丑上》。孟子曰:"以力服人者,非心服也,力不赡也;以德服人者,中心悦而诚服也。"依仗强力来使他人服从,他人并非内心服从,只是实力不够而已;依靠道德来使他人服从,他人才心悦诚服。

[5] 忠恕之道:语出《论语·里仁》。曾子曰:"夫子之道,忠恕而已矣"。忠,用孔子的话,是"己欲立而立人,己欲达而达人";恕,是"己所不欲,勿施于人"。又见《论语·雍也》:"能近取譬,可谓仁之方也已"。能够就眼下的事实

选择例子一步步去做,可以说是实践仁的方法了。

[6] 民吾同胞,物吾与也:语出《张载集·正蒙·乾称》。人民是我同胞,万物与我为同类。寓指泛爱人与万物。

[7] 恻隐之心:语出《孟子·公孙丑上》。孟子曰:"恻隐之心,仁之端也;羞恶之心,义之端也;辞让之心,礼之端也;是非之心,智之端也。"同情之心是仁的发端,羞耻之心是义的发端,谦让之心是礼的发端,是非之心是智的发端。

[8] 厩焚,子曰伤人乎,不问马:语出《论语·乡党》。孔子的马棚失了火。孔子从朝廷回来,问道:"伤了人吗?"不问到马。

[9] 君子无终食之间违仁,造次必于是,颠沛必于是:语出《论语·里仁》。君子没有吃完一餐饭的时间离开仁德,就是在仓促匆忙的时候一定和仁德同在,就是在颠沛流离的时候一定和仁德同在。

[10] 大人者,不失其赤子之心:语出《孟子·离娄下》。所谓君子,就是没有丧失那婴儿纯朴之心的人。

[11] 牛山之木:语出《孟子·告子上》。孟子曰:"牛山之木尝美矣,以其郊于大国也,斧斤伐之,可以为美乎? 是其日夜之所息,雨露之所润,非无萌蘖之生焉,牛羊又从而牧之,是以若彼濯濯也。人见其濯濯也,以为未尝有材焉,此岂山之性也哉? 虽存乎人者,岂无仁义之心哉? 其所以放其良心者,亦犹斧斤之于木也,旦旦而伐之,可以为美乎? ……人见其禽兽也,而以为未尝有才焉者,是岂人之情也哉? 故苟得其养,无物不长;苟失其养,无物不消。孔子曰:'操则存,舍则亡;出入无时,莫知其乡。'惟心之谓与?"孟子说:牛山的树木曾经很茂盛,由于临近大都

市,被刀斧所砍伐,还能够保持茂盛吗? 它日夜息养,为雨露所滋润,并非没有新枝嫩芽长出来,但随即又有人赶着牛羊去放牧,所以变成这样光秃秃的了。人们见它光秃秃的,便以为牛山不曾有过高大的树木,这难道是这山的本性吗? 即使是人,难道没有仁义之心吗? 他之所以丢失了他的良心,也好像刀斧对待树本一般,天天砍伐,还可以保持茂盛吗? ……人们见他如同禽兽,便以为他们从来就没有过天生的好的资质。这难道是人的本来情状吗? 所以,假如得到滋养,没有什么事物不生长;假如失去应有的养育,没有事物不消亡。孔子说:'把握就存留,舍弃就失去;出入没有一定,无法知晓它的去向。'这就是指人心而言的吧?"

[12] 我欲仁,斯仁至矣:语出《论语·述而》。子曰:"仁远乎哉? 我欲仁,斯仁至矣"。孔子道:仁德难道离我们很远吗? 我要它,它就来了。

[13] 乐而不淫,哀而不伤:语出《论语·八佾》。子曰:"《关雎》,乐而不淫,哀而不伤。"孔子说:《关雎》这诗,快乐而不放荡,悲哀而不痛苦。

第二乐章　义

仁为安宅，义为正路。"仁"给我们的心灵安了一个家，"义"引领我们行走在向善的路上。"义"是善恶选择时的果敢，是生死抉择时的勇毅，是充斥宇内的浩然之气，是义无反顾的壮烈和决绝。中国人重义，义以为上，古往今来的义士们受到了人们由衷的敬仰，他们是中华民族历史中的脊梁。

歌咏：生亦我所欲也，义亦我所欲也，二者不可得兼，舍生而取义者也。

风萧萧兮易水寒，壮士一去兮不复还（壮士悲慨之歌）

文学主题：

听，壮士在歌唱，以你勇者之心倾听！

刚健笃实，辉光日新。

有问曰：士何事？

圣人答曰：尚志

何谓尚志？

仁义而已。

浩然之气,掷地有声!

君子致命遂志。

立天之道为阴与阳,

立地之道为柔与刚,

立人之道为仁与义。[1]

君子以义安命!

仁者不忧,勇者不惧。

惊涛骇浪,如履平地

临危不惧,视死如归。

义,使我们想起刚强、磊落、硬朗。

黄钟大吕,金声玉振。

子曰:可以托六尺之孤,可以寄百里之命,

临大节而不可夺也!

君子人与? 君子人也。

何等的义气,何等的勇气!

士见危致命,见得思义[2]

求仁得仁,又有何怨?

君子死义,又有何惧!

寄百里之命者,可得闻乎?

战国有荆轲刺秦。

高渐离击筑,荆轲和而歌,

为变徵之声,士皆垂泪涕泣。

歌曰:"风萧萧兮易水寒,壮士一去兮不复还。

探虎穴兮入蛟宫,仰天呼气兮成白虹。"

义士已去,壮心犹在回响。(贾岛《听乐山人弹易水》)

朱丝弦底燕泉急,燕将云孙白日弹。

嬴氏归山陵已掘,声声犹带发冲冠。

（故事一：荆轲刺秦。原文节录："太子及宾客知其事者,皆白衣冠以送之。至易水上,既祖,取道。高渐离击筑,荆轲和而歌,为变徵之声,士皆垂泪涕泣。又前而为歌曰：'风萧萧兮易水寒,壮士一去兮不复还!'复为慷慨羽声,士皆瞋目,发尽上指冠。于是荆轲遂就车而去,终已不顾。"

译文：秦国的将领打败了赵国,俘虏了赵王,占领了所有赵国的土地,派兵向北侵占土地,一直到燕国南边的边界……

到了易水上,祭过神,就要上路了。高渐离击筑,荆轲和着节拍唱歌,悲壮激昂,大家流泪哭泣。荆轲又上前作歌唱道："风萧萧兮易水寒,壮士一去兮不复还!"歌声激越。大家听了他的歌声,发上指冠。荆轲上车而去,始终没有回头。)

拔剑四顾,行义以达其道,是侠者的行止;

杀身成仁,勇士奔赴战场,是义者的心性。

剑胆琴心。

剑若有生命,能听到金石迸裂勇士的悲怆吗?

琴若有生命,能听到宁为玉碎义者的心声吗?

"泠泠七弦上,静听松风寒"。（刘长卿）

【琴曲歌辞·霹雳引】沈佺期

岁七月,火伏而金生。客有鼓瑟于门者,奏霹雳之商声。始夏羽以骁骞,终扣宫而砰䃂。电耀耀兮龙跃,雷阗阗兮雨冥。气鸣唅以会雅,态欸欻以横生。有如驱千旗,制五兵,截荒扺,斫长

鲸。孰与广陵比,意别鹤俦精而已。俾我雄子魄动,毅夫发立,
怀恩不浅,武义双辑。视胡若芥,翦羯如拾。岂徒慨慷中筵,备
群娱之翕习哉。

听,壮士在歌唱,以你正义之心倾听!

君子之于天下,义之与比![3]

仁为安宅,义为正路。[4]

仁义之道,天下大道。

勇发自内心。

仁为人心,义为人路。

怀仁之义,方为大义。

怀大义之心,方有大勇之举。

有一人之正义,

有一时之大义,

有古今之通义,

轻重之衡,公私之辨,

不可不察。

面对真理时的义,是高山仰止的义。

面对邪恶时的义,是赴汤蹈火的义。

北宫黝岂不是勇士吗?[5]

他的心是必胜的心;

孟施舍岂不是勇士吗?

他的心是无惧的心。

然则君子义以为上。[6]

义勇方称之为大勇。

周仁之谓信,率义之谓勇。[7]

见义不为，无勇也。[8]

孟子曰：昔者曾子谓子襄曰：

"子好勇乎？吾尝闻大勇于夫子矣：

自反而不缩，虽褐宽博，吾不惴焉；

自反而缩，虽千万人，吾往矣。"

非匹夫之勇，而是大勇猛，大无畏，

是圣人之勇。生死唯义所在。

志士仁人，无求生以害仁，有杀身以成仁。[9]

（故事二：大勇。从前曾子对子襄说：你崇尚勇吗？我曾经
听夫子说过大勇：反躬自问觉得正义不在我，即使是卑贱的匹夫
我也不去凌辱；反躬自问，正义在我，对方即使是千军万马，我也
勇往直前，毫不退缩。）

听，壮士在歌唱，以你羞恶之心倾听！

羞恶之心，义之端也。

知耻近乎勇[10]。

君子九思，见得思义。

富与贵，是人之所欲也，

不以其道得之，不处也。

义者养心。

沧浪之水清兮，可以濯我缨

沧浪之水浊兮，可以濯我足

清兮浊兮，自取之也

君子喻于义。[11]

不义而富且贵，

于我如浮云。

义忠诚地看守着良心和灵魂。

安处于仁,行走由义。

遵义兴利,循理节欲。

非义不取,有难相济

贫而无怨,富而无骄。

非其义也,非其道也,

禄之以天下,弗顾也;

非其义也,非其道也,

一介不以与人,一介不以取诸人。[12]

无为其所不为,无欲其所不欲。[13]

如此而已矣。

君子忧道不忧贫。

士而怀居,不足以为士。[14]

士志于道,而耻恶衣恶食,未足与议。[15]

孔子饭蔬饮水,乐在其中。

(故事三:子曰:"饭疏食饮水,曲肱而枕之,乐亦在其中矣。
不义而富且贵,于我如浮云。"

译文:孔子说:吃粗粮,喝冷水,弯起胳膊当枕头,乐趣也就
在这中间了。用不正当的手段得来的富有显贵,在我看来就像
浮云一样。)

颜子箪瓢陋巷,不改其乐。

(故事四。子曰:"贤哉,回也! 一箪食,一瓢饮,在陋巷,人

不堪其忧,回也不改其乐。贤哉,回也!"

　　译文:孔子说:颜回多么有修养啊! 一箪饭,一瓢水,住在小巷子里,别人都忍受不了这种穷困的忧愁,颜回却不改变他的快乐。颜回多么有修养啊!)

　　(《陋室铭》:斯是陋室,唯吾德馨;君子居之,何陋之有!)

　　孔颜乐处,君子乐道。

　　圣贤之心一也。

　　"高才脱略名与利,日夕望君抱琴至。"

　　(李颀《听董大弹胡笳兼寄语弄房给事》)

　　听,壮士在歌唱,以你浩然之心倾听!

　　义者养气。直上云霄。

　　专诸刺王僚,彗星袭月;

　　聂政刺韩傀,白虹贯日;

　　要离刺庆忌,苍鹰击于殿上。

　　此乃士之血气。

　　义,感动天地人心。

　　孟子曰:"我知言,我善养吾浩然之气。"[16]

　　其为气也,至大至刚,

　　直养而无害,

　　塞于天地之间。

　　何等广大、何等刚强之气!

　　以正直来培养,

　　小心呵护而不加害,

　　正义之气充盈于天地之间。

它作为气，与义和道相匹配。
是集义所生者，非义袭而取之也。
行有不慊于心，则馁矣。

（为什么勇者不惧呢？人当然是血肉之躯，不免有恐惧，但是，你要充实正气，配道与义的话，你就会变作是大丈夫，大勇者，勇在中国文化中，永远是和道，和义相配的，没有义的勇，是小人之勇、匹夫之勇。所以，要养气，养浩然之气，这个时候，何惧之有？从最高的道出发，养心养气，才能造就仁人君子。中国文化的境界十分高远。）

它是义在内心积累起来所产生的，
义在平凡中沉默，在关键时爆发。
涵泳之时，静若处子，
爆发之时，如火山之喷发，如大河之冲决，
谁能阻挡！
杀身成仁，舍生取义；
义薄云天。
何等刚烈。何等决绝。

（故事五：孟子"鱼与熊掌"喻。"鱼，我所欲也；熊掌，亦我所欲也。二者不可得兼，舍鱼而取熊掌者也。生，亦我所欲也；义，亦我所欲也。二者不可得兼，舍生而取义者也。生亦我所欲，所欲有甚于生者，故不为苟得也；死亦我所恶，所恶有甚于死者，故患有所不辟也。如使人之所欲莫甚于生，则凡可以得生者，何不用也？使人之所恶莫甚于死者，则凡可以辟患者，何不

为也？由是则生而有不用也，由是则可以辟患而有不为也。是
故所欲有甚于生者，所恶有甚于死者，非独贤者有是心也，人皆
有之，贤者能勿丧耳。"

　　译文：孟子说：鱼是我所想要的，熊掌也是我所想要的，两者
若不能都要，那我就舍鱼而要熊掌。生命是我想要的，道义也是
我所想要的，两者若不能都要，那我就舍弃生命，而要道义。）

　　听，壮士在歌唱，以你坚忍之心倾听！
　　岁寒，然后知松柏之后凋也。
　　岁寒三友，君子比德，
　　穷不失义，达不离道。
　　天人之心一也！
　　君子义以为质。[17]
　　古仁人君子，
　　得志与民由之，不得志独行其道。
　　富贵不能淫，
　　贫贱不能移，
　　威武不能屈
　　此之谓大丈夫。
　　威武不能挫其志，
　　死生不能动其心，
　　平生有松柏之志，岁寒而后凋。
　　寒风凛冽，草木寥落，
　　君子挺然自持，不改其行。
　　孔子曰：三军可夺帅也，匹夫不可夺志。[18]
　　孟子曰：天将降大任于是人也，

必先苦其心志,劳其筋骨,

饿其体肤,空乏其身,

行拂乱其所为,所以动心忍性,增益其所不能。[19]

生于忧患而死于安乐,

君子节义,

必至此而后知也。

(故事六:一箪食,一豆羹,得之则生,弗得则死。嘑尔而与之,行道之人弗受;蹴尔而与之,乞人不屑也。万钟则不辨礼义而受之,万钟于我何加焉? 为宫室之美、妻妾之奉、所识穷之者得我与? 乡为身死而不受,今为宫室之美为之;乡为身死而不受,今为妻妾之奉为之;乡为身死而不受,今为所识穷乏者得我而为之,是亦不可以已乎? 此之谓失其本心。

译文:孟子说:一箪之饭,一豆之羹,得到它就能活命,得不到它就会死亡,呼喝着给予,就是行路的饿人,也不会接受;践踏后再给予,就是乞丐也不屑于要。一万钟的俸禄不辨别是否合乎礼义就接受了,一万钟的俸禄对我有什么好处呢? 是为了宫室的华丽,为了妻妾的供养和相识的穷困人对我施恩惠的感激吗? 过去宁肯身死而不肯接受的,现今为了居室的华美而接受了;过去宁肯身死而不肯接受的,现今为了妻妾的供养而接受了;过去宁肯身死而不肯接受的,现今为了我所相识穷困的人对我的感激而接受了,难道这是不能罢手的吗? 这就叫做丧失了自己的本心。)

听,壮士在歌唱,以你刚强之心倾听!

天行健,君子以自强不息。

刚强之道,人所难得,

明于是非之分,

坚守心中大道,

独立不惧,遁世无闷,[20]

乃是真正的强者。

子路问圣人刚强之道。

子曰:宽柔以教,不报无道,南方之强也。

衽金革,死而不厌,北方之强也。

君子和而不流,强哉矫!

中立而不倚,强哉矫!

刚强的君子啊!

宽厚柔顺施教,以德报怨的,是南方之强,

枕戈待旦,不解盔甲,战死沙场的,是北方之强,

君子与人和睦相处而不随波逐流,多么刚强啊!

信守中庸之道而不偏不倚。多么刚强啊!

邦有道,不改变未显达时的节操,多么刚强啊!

邦无道,至死不改变平生的志愿,多么刚强啊!

音乐意象:琴·剑

色调象征:赤红(刚烈之色)

义,感动天地人心,

义,体现生命的力量,

勇者不惧,剑胆琴心,

壮士之志,浩然正气!

【注释】

[1]“立天之道”等三句：语出《易传》：“昔者圣人之作易也，将以顺性命之理。是以立天之道曰阴与阳，立地之道曰柔与刚，立人之道曰仁与义。”昔日圣人作《周易》时，将以顺从性命之理，所以确立了天道为阴与阳，确立了地道为柔与刚，确立了人道为仁与义。

[2]士见危致命，见得思义：语出《论语·子张》。士看见危险便肯豁出生命，看见有所得便考虑是否该得。

[3]君子之于天下，义之与比：语出《论语·里仁》。君子只遵从义的原则与人交往接近。

[4]仁为安宅，义为正路：语出《孟子·离娄上》。孟子曰：“仁，人之安宅也；义，人之正路也。旷安宅而弗居，舍正路而不由，哀哉！”仁是人们安适的住宅，义是人们正当的道路。空着安适的住宅不去居住，丢开正当的道路不去行走，可悲啊！

[5]北宫黝：语出《孟子·公孙丑》。北宫黝和下文的孟施舍都是刺客勇士，其人不可考。北宫黝培养勇气，肌肤被刺而不退缩，眼睛被刺而不逃避，是以必胜为主而不动心者；孟施舍培养勇气，把无法战胜的对象看作能战胜一样，是以无惧为主而不动心者。

[6]君子义以为上：语出《论语·阳货》：“子路曰：‘君子尚勇乎？’子曰：‘君子义以为上，君子有勇而无义为乱，小人有勇而无义为盗’。”子路问道：君子尊贵勇敢不？孔子道：君子认为义是最可尊贵的，君子只有勇，没有义，就会捣

乱造反;小人只有勇,没有义,就会做土匪强盗。

[7] 率义之谓勇:语出《左传·哀公十六年》:"周仁之谓信,率义之谓勇"。周仁:符合仁爱;率义:循义。符合仁爱叫做诚信,遵循道义叫做勇敢。

[8] 见义不为,无勇也:语出《论语·为政》。眼见应该挺身而出的事情,却袖手旁观,这是怯懦。

[9] 志士仁人,无求生以害仁,有杀身以成仁:语出《论语·卫灵公》。志士仁人,不贪生怕死因而损害仁德,只勇于牺牲来成全仁德。

[10] 知耻近乎勇:语出《中庸》。知道羞耻接近勇德。

[11] 君子喻于义:语出《论语·里仁》。君子懂得公义。

[12] "非其义也,非其道也"等八句:语出《孟子·万章上》。不合乎大义,不合乎大道,把整个天下当作俸禄给他,他都不会回头看一眼;不合乎大义,不合乎大道,一点小东西也不会拿来送给别人,也不会向别人要一点小东西。

[13] 无为其所不为,无欲其所不欲:语出《孟子·尽心上》。不做不该做的,不想望不该想望的,如此而已。扩充羞恶之心,义不可胜用。

[14] 士而怀居,不足以为士:语出《论语·宪问》。读书人留恋安逸,便不配做读书人了。

[15] 士志于道,而耻恶衣恶食,未足与议:语出《论语·里仁》。读书人有志于寻求真理,但又以自己吃粗粮穿破衣为耻辱,这种人,就不值得同他谈论道了。

[16] 孟子曰:"我知言,我善养吾浩然之气":语出《孟子·公孙丑上》。我了解言辞,我善于培养自己的浩然之气。

[17] 君子义以为质:语出《论语·卫灵公》。君子以义为根本。

[18] 三军可夺帅也,匹夫不可夺志:语出《论语·子罕》。一国军队,可以使它丧失主帅;一个男子汉,却不能强迫他放弃主张。

[19] "孟子曰"等九句:语出《孟子·告子下》。孟子说:上天将要下达重大责任给这样的人,一定先要使他的内心痛苦,使他的筋骨劳累,使他经受饥饿,以致肌肤消瘦,使他身受贫困之苦,在他做事时,使他所做的事颠倒错乱,用这些办法来使他的心惊动,使他的性格坚忍起来,增加他过去所没有的才能。

[20] 独立不惧,遁世无闷:语出《易传》。君子独立而不畏惧,退隐于世间而无烦闷。

第三乐章　礼

　　兴于《诗》，立于礼，成于乐。礼，是一种最基本的道德。它是行为，是仪式，是规范，是无所不在的文化行为方式。它源自彼此间的尊重，是文与质的完美统一，是油然而生的崇敬感和庄严感，是秩序也是和谐。巍巍华夏，礼仪之邦，礼乐文化浩瀚博大，孕育出了中国人独特的谦谦君子之风。

　　歌咏：礼之用，和为贵。先王之道，斯为美。[1]

文学主题：

　　听，君子在歌唱，以你庄重之心倾听！
　　大哉华夏，礼仪之邦！
　　郁郁乎文哉！周公制礼作乐，
　　周颂《维天之命》，流传千载。
　　"维天之命，於穆不已。
　　於乎丕显，文王之德之纯。
　　假以溢我，我其收之。

骏惠我文王,曾孙笃之"。

天下有道,礼乐征伐自天子出。

天下无道,礼乐征伐自诸侯出。

践其位,行其礼,奏其乐。

优优大哉！礼仪三百,威仪三千,

待其人而后行。

不学礼,无以立。[2]

礼,使我们产生崇高、庄严、明丽的感觉。

天子祭天地,

诸侯祭社稷,

大夫祭五祀。

不假其名器,

不越其礼义。

配之以祭祀乐歌,

和而不失其威仪。

礼者义也,循礼合乎义。

君子隆礼贵义。

礼的威仪何其大也！

礼的力量何其大也！

道德仁义,非礼不成。

教训正俗,非礼不备。

听,君子在歌唱,以你恭敬之心倾听！

恭敬之心,礼之端也。

德言盛,礼言恭。

君子修己以敬。

子曰：为礼不敬，吾何以观之哉？[3]

君子之国啊，礼仪之行！

恭敬之心，以美酒为敬

恭敬之心，以雅乐为敬。

恭敬之心，以弦歌为敬。

恭敬之心，以诗文为敬。

《大雅》是朝会的乐歌，

《小雅》是宴饮的乐歌。

《小雅》之"鹿鸣"。

宴饮乐歌最重要之篇章。

五伦中君臣之礼的乐章。

"呦呦鹿鸣，食野之苹。

我有嘉宾，鼓瑟吹笙。

吹笙鼓簧，承筐是将。

人之好我，示我周行"。

我宴请高贵的宾客啊，

鼓瑟吹笙把他邀请。

笙簧奏出美好的音乐啊，

诚意赠送玉帛与嘉宾。

"呦呦鹿鸣，食野之蒿。

我有嘉宾，德音孔昭。

视民不恌，君子是则是傚。

我有旨酒，嘉宾式燕以敖"。

贵宾满座啊，声名显耀。

对人要仁爱啊，君王当仿效！

"呦呦鹿鸣，食野之芩。

我有嘉宾,鼓瑟鼓琴。

鼓瑟鼓琴,和乐且湛。

我有旨酒,以燕乐嘉宾之心"。

我宴请尊贵的宾客,弹琴又鼓瑟。

弹琴鼓瑟共欢乐,气氛融洽能尽兴。

子曰:志之所至,诗亦至焉;

诗之所至,礼亦至焉;

礼之所至,乐亦至焉。

仁爱之心,和悦之调,

欢乐之情,感人至深。

君子怀仁德,

礼义由此生。

至诚之敬,乃是心敬。

至诚之祭,乃是心祭。

仁爱是温柔敦厚的心。

礼仪是心灵的幽静之花。

心动而足以动天地!

人而不仁,如礼何?

人而不仁,如乐何?[4]

礼云礼云,玉帛云乎哉?

乐云乐云,钟鼓云乎哉?

礼是内心的谦敬与仁义,

宰我问"三年之丧"于孔子,[5]

子曰:君子之居丧,

食旨不甘,

闻乐不乐,

37

居处不安。

"三年之丧"的古礼，

发自对生命之源的深爱。

父兮生我，母兮鞠我，

拊我畜我，长我育我，

顾我复我，出入腹我，

欲报之德，昊天罔极！[6]

孝子之行，源于对父母的敬爱。

爱之深故有礼之敬，

必有和气，必有愉色，必有婉容。[7]

礼之恭敬，发端自人心深处。

怜悯的泪水，是心灵的甘泉。

亲子的关怀，是大树之根苗。

孟曰：仁者爱人，有礼者敬人。

爱人者，人恒爱之

敬人者，人恒敬之。

听，君子在歌唱，以你辞让之心倾听！

辞让之心，礼之端也。

谦谦君子，卑以自牧。[8]

谦谦君子，用涉大川！[9]

君子之道，

如沧海之汇聚细流，

如天地之包容万物，

无不爱也，无不敬也，无与人争也，

君子恭敬撙节退让以明礼。

自卑而尊人，先彼而后己。

恭宽信敏惠，温良恭俭让。[10]

敬让也者，君子之所以相接也。

君子之为，名士之风。

君子无所争。

其争也君子。[11]

其为人也，

儒雅、谦恭、内敛，

蔼然长者，谦谦君子。

君子有礼，

外谐而内无怨，

能以礼让为国，

何难之有。

听，君子在歌唱，以你高雅之心倾听！

君子以仁存心，以礼存心。

他人有心，予忖度之。

其无邪之思，无邪之性情，

写尽天下人心。

道始于情。

子曰：人而不为《周南》、《召南》，

其犹正墙面而立也与？[12]

《周南》的《关雎》，

《诗经》第一篇，儿女之情。

"关关雎鸠，在河之洲。

窈窕淑女，君子好逑。"

"参差荇菜,左右流之。

窈窕淑女,寤寐求之。

求之不得,寤寐思服。

悠哉悠哉,辗转反侧"。

在那河边的沙洲上啊,水鸟应和关关唱,

听了使人想起那美丽善良的姑娘,

正好是高贵优雅君子的理想对象!

《陈风》之《月出》

月下独坐,静静思念心爱的人儿。

"月出皎兮,佼人僚兮。

舒窈纠兮,劳心悄兮。"

月光皎洁洒满地啊,

美人的样子多么秀丽啊,

仪态绰约真窈窕啊,

思念之心有谁知啊!

《秦风》之《蒹葭》

最得风人深致,

在一片芦荻的浩淼秋水中,

寻找一个人的诗篇。

想望伊人,可望而不可即也。

是追踪情人之歌?

还是心有所托?

"蒹葭苍苍,白露为霜。

所谓伊人,在水一方。

溯洄从之,道阻且长。

溯游从之,宛在水中央。

蒹葭凄凄,白露未晞。

所谓伊人,在水之湄。

溯洄从之,道阻且跻。

溯游从之,宛在水中坻。

蒹葭采采,白露未已。

所谓伊人,在水之涘。

溯洄从之,道阻且右。

溯游从之,宛在水中沚。"

圣人有情啊,与常人同。

礼生之处,情亦同根。

听,君子在歌唱,以你和乐之心倾听!

子曰:兴于《诗》,立于礼,成于乐[13]

仁者爱也,礼者敬也,乐者和也。

君子乐得其道。

见其礼而知其政,

闻其乐而知其德,

乐者,天地之和也;

礼者,天地之序也。[14]

乐由天作,

礼以地制。[15]

你是否看到高山之高,

是否看到低谷之深?

鹰翱翔高天,

鱼畅游海底。

何其自由,何其快乐!

礼以道其志,

乐以和其声。

各得其所,各安其命!

和谐与秩序,伟大的观念!

你是否看到无限的分别,

奏响了万物的合唱?

琴弦上的乐音,

高低错落,何其清晰;

和谐的音乐,美妙的旋律,

又从中产生!

赠君玉帛,

表我的谦恭与尊敬。

其中的友善,

有如音乐在你我心中流淌。

礼是秩序,整洁、舒适,

各得其所,相互欣赏。

礼在混乱中求秩序,

乐在冲突中求和谐。

这是礼乐文明的真义!

文明的精神,

严整的秩序,

无碍的沟通。

大礼与天地同节,

大乐与天地同乐。

礼自外作,乐自中出。

礼之用在别,

乐之用在化。

君子和而不同,

礼的精神与乐的精神,

相互唱和,相互应答,

文明胜境,即刻呈现!

君子在歌唱,以你和谐之心倾听!

道之以德,齐之以礼。[16]

礼仪之美,犹如繁花。

优雅的举止,谦恭的相处,

一切恰到好处地表达。

生命力健康充盛,而又文雅有度。

君子的和美,《小雅》之"菁菁者莪"。

"菁菁者莪,在彼中阿。

既见君子,乐且有仪

菁菁者莪,在彼中沚,

既见君子,我心则喜。

菁菁者莪,在彼中陵,

既见君子,锡我百朋。

泛泛杨舟,载沉载浮,

既见君子,我心则休。"

莪蒿多么茂盛啊,生长在那大山阿。

君子多么美好啊,又有威仪又快乐。

莪蒿多么茂盛啊,在那河边小洲生。

既已看见诸君子,我的心中真欢喜。

莪蒿多么茂盛啊,生长在那丘陵中。

君子多么美好啊,好比赐我一百朋。

杨木船儿水中游,有时沉来有时浮。

既已看见诸君子,我心快乐已忘忧。

入则孝,出则悌,谨而信,

泛爱众而亲仁。[17]

礼之本,和之至也。

既有内美,又重文饰,

质胜文则野,文胜质则史。

文质彬彬,然后君子。[18]

人性之美,天地大美也。

礼在细微处展现,在盛大时展开。

礼之用,和为贵

礼,和谐天地人心

在外以协和万邦,在内以凝聚万民。

民族团结,

睦邻友好,

世界和谐。

君子敬而无失,与人恭而有礼,

四海之内皆兄弟也。

有朋自远方来,不亦乐乎![19]

音乐意象:玉·帛

色调象征:澄黄(温暖之色)

礼,和谐天地人心

礼,体现生命的境界

王道之地,礼仪之邦。

文质彬彬,然后君子。

《秦风·渭阳》:何以赠之,琼瑰玉佩!

《王弼集校释·论语释疑》:礼以敬为主,玉帛者,敬之用饰也。乐主于和,钟鼓者,乐之器也。

【注释】

[1] 礼之用,和为贵。先王之道,斯为美:语出《论语·学而》。
礼的作用,以遇事都做得恰当为可贵。过去圣明君王治
理国家,可宝贵的地方就在这里。

[2] 不学礼,无以立:语出《论语·季氏》。不学礼,便没有立
足社会的依据。

[3] 为礼不敬,吾何以观之哉:语出《论语·八佾》。子曰:"居
上不宽,为礼不敬,临丧不哀。吾何以观之哉"? 孔子说:
居于统治地位不宽宏大量,行礼的时候不严肃认真,参加
丧礼的时候不悲哀,这种样子我怎么看得下去呢?

[4] 人而不仁,如礼何? 人而不仁,如乐何:语出《论语·八
佾》。一个人没有仁爱之心,就谈不上礼;一个人没有仁
爱之心,就不能真正懂得乐。

[5] "三年之丧":语出《论语·阳货》。宰我问孔子:"父母去
世,守丧三年,为期太久了吧。君子三年不习礼,礼必定
会废弛,三年不奏乐,乐也一定会荒疏。旧谷既已吃完,
新谷也已上了打谷场,取火用的燧木已轮换了一遍,守丧
已满一年,该可以结束了吧?"孔子说:"父母去世不满三
年就吃稻米,穿锦衣,这对于你,心能安吗?"宰我说:"能
心安。"孔子说:"你能心安,就那么做吧。君子服丧期间,
吃美味不觉得香甜,听乐曲不觉得快乐,住在平日的房子
里总觉心有不安,所以才不那么做。现在你能心安,你就
那么做吧!"宰我出去后,孔子说:"宰予不仁啊! 儿女生
下三年后,才离开父母的怀抱。为父母服丧三年,是天下

通行的丧期呀！宰予啊,他难道就没有从他父母那里得到过三年的怀抱之爱吗?"

[6] "父兮生我,母兮鞠我"等八句:语出《诗经·小雅·蓼莪》。父母双亲呀,你生育了我,抚慰我,养育我,拉拔我,庇护我,不厌其烦的照顾我,无时无刻的怀抱着我。想要报答您的恩德,而您的恩德像上天一样的浩瀚无边哪!

[7] 必有和气,必有愉色,必有婉容:语出《礼记·祭义》。

[8] 谦谦君子,卑以自牧:语出《周易·谦》象辞。谦而又谦的君子,处卑下之位而自养其德。

[9] 谦谦君子,用涉大川:语出《周易·谦》。君子谦而又谦,可以越过大江大河。

[10] 恭宽信敏惠,温良恭俭让:分别出自《论语·阳货》和《论语·学而》。前者是指庄重、宽厚、诚实、勤敏、慈惠五种品德;后者是指温和、善良、严肃、节俭、谦逊五种品德。

[11] 君子无所争,其争也君子:语出《论语·八佾》:"子曰:'君子无所争。必也射乎! 揖让而升,下而饮。其争也君子'。"君子没有什么可争的事情。如果有所争,一定是比射箭吧! [但是当射箭的时候,]相互作揖然后登堂;[射箭完毕,]走下堂来,然后[作揖]喝酒。那一种竞赛是很有礼貌的。

[12] 人而不为《周南》、《召南》,其犹正墙面而立也与:语出《论语·阳货》。人假若不研究《周南》、《召南》,那会像面对着墙壁而站着吧! 即一物无所见,一步不可行。

[13] 兴于《诗》,立于礼,成于乐:语出《论语·泰伯》。诗篇使人振奋,礼使人能在社会上立身,乐可以完成道德修养。

[14] 乐者,天地之和也;礼者,天地之序也:语出《礼记·乐

记》。乐,表现天地的和谐,礼,表现天地的秩序。

[15] 乐由天作,礼以地制:语出《礼记·乐记》。乐是依从天的和谐化育万物的道理而制作的,礼是根据地的高低上下生成万物的道理而制定的。

[16] 道之以德,齐之以礼:语出《论语·为政》。如果用道德来引导,用礼教来整顿,人民不但有廉耻之心,而且人心归服。

[17] 入则孝,出则悌,谨而信,泛爱众而亲仁。语出《论语·学而》:"子曰:'弟子,入则孝,出则悌,谨而信,泛爱众,而亲仁'。"孔子说:后生小子,在父母跟前,就孝顺父母;离开自己房子,便敬爱兄长;寡言少语,说则诚实可信,博爱大众,亲近有仁德的人。

[18] "质胜文"等四句:语出《论语·雍也》。朴实多于文采,就未免粗野;文采多于朴实,又未免虚浮,文采和朴实兼备,恰到好处,这才是个君子。

[19] 有朋自远方来,不亦乐乎:语出《论语·学而》。有志同道合的人从远方来,不也快乐吗?

第四乐章　智

　　既仁且智。智者不惑。智,是明辨是非、善恶的大智慧。它是人面临选择时的睿智和理性,是在人生十字路口的理智和坚毅。真正的智者,就是永远都不会迷失的人,因为路在脚下,道在心中。

　　歌咏:为天地立心,为生民立命,为往圣继绝学,为万世开太平

文学主题:

　　听,智者在歌唱,以你明理之心倾听!
　　智深而识远。
　　智,让我们想起的是光明、睿智、义理。
　　子曰:知之为知之,不知为不知,是知也。
　　真理素朴之至,
　　真理意境高远。
　　智,多么清明的理性,

天地澄澈，

倾听你的不惑之心。

天地运转，

日月交替，

世事纷纭，

智者何为？

智，开启心灵。

智，寻求道路。

智，探索真理。

智，光照大地！

生命之树是智慧之树，

生命之光是智慧之光。

仰以观于天文，

俯以察于地理，

君子知微知彰，

知柔知刚，

万夫之望！[1]

刚柔交错，天文也；

文明以止，人文也。

观乎天文，以察时变；

观乎人文，以化成天下。

天之高也，星辰之远也。

智者洞察天地人心。

人何以知天？

君子如何事天？

天命之谓性。

率性之谓道，

修道之谓教。[2]

然则君子之道费而隐。[3]

仁者何以养其性？

智者何以修其道？

君子何以见其心？

明智的君子啊，

合内外之道。

知天之实理，

明性之良能，

崇圣人之德，

笃贤人之学。

执君子之行，

天人合一，

诚明合一，

知行合一。

尊德性而道问学，

致广大而尽精微，

极高明而道中庸。[4]

圣贤的心是天下的心，

智者的心是明德的心。

大学之道，在明明德，在亲民，在止于至善。

彰明内心的光明之德，

推之于天下。

欲明明德于天下，先治其国。

欲治其国，先齐其家。

欲齐其家,先修其身。

欲修其身,先正其心。

欲正其心,先诚其意。

欲诚其意,先致其知。

致知在格物。

万物有其理也,

理有未穷,知有不尽,

学人格物致知,实事求是[5]。

竭尽心力,至乎其极。

一旦豁然贯通,

众物之精粗无不到,

吾心之全体大用无不明!

智明而后能存身,

智明而后能立命,

智明而后能爱人,

智明而后能安天下!

听,智者在歌唱,以你是非之心倾听!

是非之心,智之端也。

古仁人君子以雷霆之声疾呼:

智、仁、勇,

天下之达德,

君子力行之!

知者不惑,

仁者不忧,

勇者不惧![6]

大智大勇,既仁且智。[7]

莫近于仁,莫急于智。

子曰:未知,焉得仁?

仁而有智,爱就有了方向。

智,是人的明辨。

智明然后能择善。

子曰:见善如不及,

见不善如探汤。[8]

是非之心,乃辨惑之心。

荀子曰:是是,非非,谓之智。[9]

知善知恶谓之智,

是非不分谓之愚。

智使我们行走在仁德的大道上,

能够分辨方向,

杨朱遇歧途而哭,

墨子见练丝而泣。

智者不惑。

红尘滚滚,

风中之幡在摇动,

智者何以辨惑?

明白无畏的是非之心!

视界通达,心有定力。

孔子曰:"四十而不惑";

孟子曰:"我四十而不动心。"[10]

智者何以不惑?

学既有得,

道明而无所疑,德立而无所惧,
审物明辨,
世间万物不能动摇我心,
气势中正平和,
夫何惑之有?

(故事一:杨朱遇歧途而哭。出自《荀子·王霸》。杨朱在十字路口痛哭不已。有人问他为何如此难过,他说:"看似走错了半步,其实差别就有千里之遥啊"。说完,又继续在路口哀哭。荀子说:我们每天都处在人生的十字路口,这就是荣辱、安危、存亡之道的选择啊。是非之心,是人生的大智慧。智者不惑,是永远不会迷路的。)

听,智者在歌唱,以你善学之心倾听!
人非生而知之,乃学而知之。
虽有至道,不学不知其善。
君子学以致其道。
古之学者为己,
今之学者为人。[11]
博学而笃志,
切问而近思,
仁在其中矣。
学既有得,
道立必固。
善学之道,
成贤成圣。

好学近乎知。[12]

子十有五而志于学,

终身不辍,

笃信好学,

守死善道。

士不厌学,

故能成其圣。

三人行,必有我师。

择其善者而从之,

其不善者而改之。

孟子云:孔子登东山而小鲁,

登泰山而小天下。

观于海者难为水,

游于圣人之门者难为言[13]

知识视界的提升,

人生境界的开启。

手不释卷的君子啊!

什么是智慧的愉悦?

理义悦我心。[14]

学不可以已。

青,取之于蓝而青于蓝,

冰,水为之而寒于冰。

君子以多识前言往行,

以畜其德。[15]

日就月将,

学有缉熙于光明,[16]

学道不倦,诲人不厌,
发愤忘食,乐以忘忧。
《诗》云:瞻彼淇澳,绿竹猗猗。
有斐君子,如切如磋,如琢如磨。
讲求学问,如同切骨磋象;
修养德性,如同琢玉磨石。
《易经》曰:"君子学以聚之,问以辨之,
宽以居之,仁以行之。"
《中庸》云:"博学之,审问之,慎思之,
明辨之,笃行之"。
《论语》开卷,"学而时习之,不亦说乎"?
熏染儒雅之气。
心灵满怀喜悦!
《诗》《书》《礼》《乐》,
春秋教以《礼》、《乐》,
冬夏教以《诗》、《书》,
不学诗,无以立。
孟子曰:君子有三乐,而王天下不与存焉。
得天下英才而教育之,岂非君子平生乐事!

听,智者在歌唱,以你修身之心倾听!
闻道反己,修身者也。[17]
君子志于道,
修道在修身,
修身在正心。
孟子曰:君子之守,修其身而天下平。

56

修身者,智之符也。[18]

缗蛮黄鸟,止于丘隅,

智者修身,止于至善。

智者知善知恶,

君子见善则迁。

孟子曰:学问之道无他,求其放心而已矣。

耳目之官不思,心之官则思。

思则得之,不思则不得。

先立乎其大者,则其小者弗能夺也,

此为大人而已矣。

尽其心者,知其性也。

知其性,则知天矣。

人心有其灵也,

唤回本心初心,

呈现良能良知,

不学而能,不虑而知,从容中道。

万物皆备于我矣

反身而诚,乐莫大焉!

心即理也,

无私欲之蔽,

即是天理。

致良知,

学而达圣人之道,贤者之心,

将心比心,以心传心

是非曲直立判!

听,智者在歌唱,以你忧患之心倾听!

智者,一颗忧患的心!

义理,何能生而知之?

孔何以发愤而忘食?[19]

姬何以夜坐而待旦?[20]

文何以忧患而作《易》?[21]

孔何以假年而学《易》乎?[22]

君子,何能安而行之?

知之不息,乃在悟道。

圣人之道,不在豪放高远,

而在枯槁寂寞之中。

君子之学,非为通也。

为穷而不困,忧而意不衰也。[23]

昔孔子厄于陈、蔡之间,[24]

慷慨讲诵,弦歌不衰。

颜渊仲由之徒,相与问答,

夫子曰:"匪兕匪虎,率彼旷野。"

吾道非乎?奚为至于此?

颜渊曰:"夫子之道至大,故天下莫能容。

虽然,夫子推而行之。

不容何病!

不容然后见君子"。

求道的历程啊!

仁者怀天下之忧,

居庙堂之高,则忧其民,

处江湖之远,则忧其君。

在困厄中他呼喊，

在旷野里他呼喊，

道之将行也欤？

道之将废也欤？

传道是我的天命啊，

知我者，其天乎？

知我者，其天乎！

（故事二：《论语·子罕》记载："子畏于匡，曰：'文王既没，文不在兹乎？天之将丧斯文也，后死者不得与于斯文也；天之未丧斯文也，匡人其如予何？'"周文王死后，周代的礼乐制度文化遗产不都保存在我这里吗？天如果要消灭这种文化，那我也不能掌握这种文化了；天如果不想消灭这种文化，那匡人又能把我怎么样呢？天既然将延续文脉这个使命给我了，就会在我的手中发扬光大啊。天若有心不灭这个文化，其他的人又能将我怎么样呢？这就是天意啊。天意岂是可违的？）

道不远人。

人能弘道，

非道弘人。

君子遵道而行，

半途而废，

吾弗能已矣。

听，智者在歌唱，以你求道之心倾听！

天下可均，爵禄可辞，白刃可蹈，

而道不易行。

朝闻道,夕死可矣。

子曰:吾道一以贯之。

道者,忠恕之道,

孟曰:夫道一而已矣。

道者,尧舜之道。

尧舜之道乃大道,

尧舜与人同耳。

人皆可以为尧舜,

有为者亦若是。

闻一善言,

见一善行,

若决江河,

沛然莫之能御!

太史公曰:诗有之,"高山仰止,景行行止",

虽不能至,然心向往之,

余读孔氏书,想见其为人。

圣人之德,岂非高山?

圣人之道,岂非大道?

洋洋乎,圣人之道!

颜渊喟然叹曰:

"仰之弥高,钻之弥坚;

瞻之在前,忽焉在后。

夫子循循然善诱人,博我以文,约我以礼。

欲罢不能,既竭吾才,如有所立卓尔。

虽欲从之,未由也已。"[25]

聆听仁者的教诲,

构筑精神的家园。

逝者如斯,不舍昼夜。

求学问道,安身立命,

致知笃行,知行合一。

子曰:德之不修,学之不讲,

闻义不能徙,不善不能改,

是吾忧也。[26]

孟曰:夫道,若大路然,岂难知哉?

人病不求耳。

道不远人,心诚求之。

乐其德,弘其道,执其信,

追溯生命意义,

探询无穷世界,

求道者的宿命!

生命的历程,

求道的心路。

子曰:吾十有五而志于学。

三十而立,

四十而不惑,

五十而知天命。

六十而耳顺,

七十而从心所欲,不逾矩。[27]

闻道,内心充满光明;

闻道,内心充满喜悦;

闻道,内心充满温暖;

闻道,内心充满勇气。

俯仰天地,

明察人心,

仁者莫大于爱人,

智者莫大于知贤。

樊迟问仁。子曰:"爱人。"

问知。子曰:"知人。"

举直错诸枉,能使枉者直。[28]

仁者无不爱也,

智者无不知也。

明于天地人之性。

人不可以不知道,

人不可以不知天,

人不可以不知物,

人不可以不知人,

知天知人,圣贤之心。

成己成物,圣贤之行。

子曰:不怨天,不尤人,

下学而上达,

知我者其天乎!

(故事三:孔子说:没有人了解我啊。子贡问:为何没有人
了解老师呢? 孔子回答说:我既不埋怨天,也不怪罪人,广泛地
学习世间的知识,进而领悟上天深奥的道理。了解我的,只有
天吧!)

音乐意象：书·简

色调象征：素朴之玄黑，星空之色，

水墨之色，笔墨之色，宁静之色，玄远之色，

中国的棋、琴、书、画之色。

智，洞察天地人心，

智，体现生命的选择。

仁者不忧，智者不惑。

智以求道，智以识人。

【注释】

[1] 君子知微知彰,知柔知刚,万夫之望:语出《易传》。君子知几微知彰显,知柔顺知刚健,万众仰慕。

[2] 天命之谓性,率性之谓道,修道之谓教:语出《中庸》。上天给予人之禀赋叫做性,依顺本性而行叫做道,修明此道而加以推广叫做教。

[3] 君子之道费而隐:语出《中庸》。君子的道,广大而又精微。

[4] 尊德性而道问学,致广大而尽精微,极高明而道中庸:语出《中庸》。君子尊崇德性,从事学问,使德性和学问日益广大,竭尽精细隐微,达到高超精明的境界,遵循不偏不倚的中庸之道。

[5] 实事求是:语出《汉书·河间献王刘德传》:"修学好古,实事求是。"

[6] 知者不惑,仁者不忧,勇者不惧:语出《论语·子罕》。聪明的人不致疑惑,仁德的人经常乐观,勇敢的人无所畏惧。

[7] 仁且智:语出《孟子·公孙丑上》:"昔者子贡问于孔子曰:'夫子既圣乎?'孔子曰:'圣则吾不能,我学不厌而教不倦也。'子贡曰:'学不厌,智也;教不倦,仁也。仁且智,夫子既圣矣!'"过去子贡问孔子说:老师称得上圣了吧!孔子说:圣,我还不敢当,我只是学习不感到满足、教诲不感到疲倦罢了。子贡说:学习不感到满足,是智;教诲不感到疲倦,是仁。有仁有智,夫子已经称得上圣了。"仁"和"智"也是道德、理智地处理人与人的和谐以及人与自然

和谐所应有的品质和能力。

[8] 见善如不及,见不善如探汤:语出《论语·季氏》。看见善
行,努力追求,好像赶不上似的;遇见邪恶,迅速避开,好
像手触到沸水一样。

[9] 荀子曰:是是,非非,谓之知:语出《荀子·修身》。以是为
是、以非为非,就叫做明智;以非为是、以是为非,就叫做
愚蠢。

[10] 吾四十而不动心:语出《孟子·公孙丑上》:"公孙丑问曰:
'夫子加齐之卿相,得行道焉,虽由此霸王,不异矣。如
此,则动心否乎?'孟子曰:'否。我四十不动心。'"公孙
丑问孟子:"夫子如果担任齐国的卿相,能实现自己的主
张,即使因此而称王称霸都不足为怪。要是这样,是否会
动心呢?"孟子说:"不!我到了四十岁就不动心了。"

[11] 古之学者为己,今之学者为人:语出《论语·宪问》。古代
学者的目的在修养自己的学问道德,现代学者的目的却
在装饰自己,给别人看。

[12] 好学近乎知:语出《中庸》。

[13] 观于海者难为水,游于圣人之门者难为言:语出《孟子·
尽心上》:"孟子曰:'孔子登东山而小鲁,登太山而小天
下。故观于海者难为水,游于圣人之门者难为言。观水
有术,必观其澜。日月有明,容光必照焉。流水之为物
也,不盈科不行;君子之志于道也,不成章不达'。"孟子
说:"孔子登临东山觉得鲁国渺小,登临泰山觉得天下渺
小。所以,看过大海的人难以注意一般的水流,在圣人门
下游学的人,其他理论就很难吸引他。观看水有方法,必
须观看它的波澜。太阳月亮有光辉,光线能透过就一定

照得到。水流这种东西,不流满洼地不再向前;君子所志
向的大道,不到一定的程度不能通达。"

[14] 理义悦我心:语出《孟子·告子上》:"故理义之悦我心,犹
刍豢之悦我口"。理义愉悦我们的心,犹如美味愉悦我们
的口一样。

[15] 君子以多识前言往行,以畜其德:语出《周易·大畜》象
辞。君子学习前人后的言论和德行,以积累自身的道德。

[16] 日就月将,学有缉熙于光明:语出《诗经·周颂·敬之》。
日积月累,积累小的光明,使之广大,以达到更大的光明。

[17] 闻道反已,修身者也:语出《郭店楚简·性自命出》。知道
了做人的道理,就应该反求诸已,这就是修身。

[18] 修身者,智之符也:语出司马迁《报任少卿书》:"修身者,
智之符也;爱施者,仁之端也;取予者,义之表也;耻辱者,
勇之决也;立名者,行之极也。士有此五者,然后可以托
于世,而列于君子之林矣。"修身是智慧的象征。

[19] 孔何以发愤而忘食:孔,指孔子。语出《论语·述而》:"叶
公问孔子于子路,子路不对。子曰:'女奚不曰:其为人
也,发愤忘食,乐以忘忧,不知老之将至云尔'。"叶公向子
路问孔子是怎样一个人,子路一时不知如何回答他。夫
子说:"你为什么不这样说:他的为人呀,发愤起来会忘记
吃饭,自得其乐会忘掉忧愁,以至于不知道衰老就在眼前
了,如此而已。"

[20] 姬何以夜坐而待旦:姬,指周公。语出《孟子·离娄下》:
"仰而思之,夜以继日;幸而得之,坐以待旦。"指周公想兼
备夏、商、周三代的君王,去实行禹、汤、文、武的事业,如
果与具体情况有偏差,便抬头思虑,没日没夜;要是想到

好的办法,就坐等到天亮。

[21] 文何以忧患而作《易》:语出《汉书》卷六十二《司马迁传》:"西伯拘而演《周易》"。西伯,即周文王。相传周文王被拘囚羑里时,将八卦推演为六十四卦,作卦辞和爻辞,完成《周易》一书的纲要。

[22] 孔何以假年而学《易》乎:语出《论语·述而》:"子曰:'加我数年,五十以学《易》,可以无大过矣'。"孔子说:"让我多活几年,到五十岁的时候去学习《易》,便可以没有大过错了。"

[23] 君子之学,非为通也,为穷而不困,忧而意不衰也:语出《荀子·宥坐》。通:显达,出仕高官。穷而不困:处境艰辛而内心不因此而窘迫。

[24] 孔子厄于陈、蔡之间:语出《史记·孔子世家》:"孔子迁于蔡三岁,吴伐陈,楚救陈,军于城父。闻孔子在陈蔡之间……乃相与发徒役围孔子于野。不得已,绝粮。从者病,莫能兴。孔子讲诵弦歌不衰。子路愠见曰:'君子亦有穷乎?'孔子曰:'君子固穷,小人穷斯滥矣'。"孔子迁居到蔡国三年,吴国攻打陈国。楚国救援陈国,军队驻扎在城父。听说孔子住在陈国和蔡国的边境上,楚国便派人去聘请孔子。孔子正要前往拜见接受聘礼,陈国、蔡国的大夫商议说:"孔子是位有才德的贤人,他所指责讽刺的都切中诸侯的弊病。如今长久地停留在我们陈国和蔡国之间,大夫们的所作所为都不合仲尼的意思。如今的楚国,是个大国,却来聘请孔子。如果孔子在楚国被重用,那么我们陈蔡两国掌权的大夫们就危险了。"于是他们双方就派了一些服劳役的人把孔子围困在野外。孔子和他的弟子无法行动,粮食也断绝了。跟从的弟子饿病

了,站都站不起来。孔子却还在不停地给大家讲学,朗诵诗歌、歌唱、弹琴。子路很生气地来见孔子:"君子也有困窘的时候吗?"孔子说:"君子在困窘面前能坚守节操不动摇,人小遇到困窘就会不加节制,什么过火的事情都做得出来。"

[25] 仰之弥高,钻之弥坚;瞻之在前,忽焉在后等十二句:语出《论语·子罕》。颜渊感叹道:"老师之道,越抬头看,越觉得高;越用力钻研,越觉得深。看看,似乎在前面,忽然又到后面去了。老师善于有步骤地引导我们,用各种文献来丰富我的知识,又用一定的礼节来约束我的行为,使我想停止学习都不可能。我已经用尽我的才力,似乎能够独立地工作。要想再向前迈进一步,又不知怎样着手了"。

[26] 德之不修,学之不讲,闻义不能徙,不善不能改,是吾忧也:语出《论语·述而》。品德不培养,学问不讲习,听到义在那里,却不能亲身赴之,有缺点不能改正,这些都是我的忧虑啊!

[27] 吾十有五而志于学等七句:语出《论语·为政》:"子曰:'吾十有五而志于学,三十而立,四十而不惑,五十而知天命,六十而耳顺,七十而从心所欲,不逾矩'。"孔子说:"我十五岁,有志于学问;三十岁,[懂礼仪,]说话做事都有把握;四十岁,[掌握了各种知识,]不致迷惑;五十岁,得知天命;六十岁,一听别人言语,便可以分别真假,判明是非;到了七十岁,便随心所欲,任何念头不越出规矩"。

[28] 举直错诸枉,能使枉者直:语出《论语·颜渊》。把正直的人提拔起来,安置在邪曲不正的人之上,就能使邪恶的人变得正直。

第五乐章　信

自古皆有死,人无信不立。信是人的基本品格。一言九鼎,是守德者的然诺;一诺千金,是信义者的风范。守信的人,实践信诺的人生,给人以厚重感和安全感,是这个世界上最值得信赖的人。真正的信,不是写在纸上的合同,而是生命的托付和心灵的约定。

歌咏:人而无信,不知其可也。大车无輗,小车无軏,其何以行之哉!

文学主题:

听,良知在歌唱,以你忠敬之心倾听!
信是不食之言,不易之道。
让我们想起的是坚毅果敢、一诺千金
明朗、坚强,金属般的阳刚。
天地之道,
广博、深厚、高大、光明、悠远、长久,
承载万物、涵盖万物、成就万物。

君子之道，

至诚、成己、成物、尽心、知性、知天，

尽人之性、尽物之性、与天地参。

至诚的君子啊！

举止是天下的典范，

行为是天下的法度，

言语是天下的准则。[1]

言行，君子之所以动天地也，

可不慎乎！

君子有大道，必忠信以得之，骄泰以失之。[2]

执信的心是忠敬的心，

君子修己以敬。

子曰：居处恭，执事敬，与人忠。

虽之夷狄，不可弃也。[3]

子曰：言忠信，行笃敬，

虽蛮貊之邦，行矣。

言不忠信，行不笃敬，

虽州里，行乎哉？[4]

诚信的君子啊！

声名洋溢乎中国，施及蛮貊。

四方之民听声而来，

四方之贤望风而慕。

舟车所到之处，

人力所通之处，

苍天所覆盖之处，

大地所承载之处，

日月所临照之处，

霜露所坠落之处，

凡有血气者，

莫不奔走亲近！

不言而信，天地之行。

言而有信，君子之光！

天若无信，四季来自何方？

人若无信，天人如何相应？

春之风，夏之雨，

秋之霜，冬之雪。

四季流转，花开花谢，

天地不言，天地无欺。

天地之间，是否听到良知的声音，

随着惊雷的脚步来临！

诚者自成也，而道自道也。

诚者物之终始，不诚无物。

是故君子诚之为贵。[5]

诚者，天之道也；思诚者，人之道也。[6]

诚是天地之道，

诚是圣人之境，

诚是君子之心。

人性思诚。

人心思诚！

思诚的人啊，用功择善，

固执坚守，不倦寻求。

没有自己的私心，依照天理而行。

思诚为修身之本,明善为思诚之本。

不明乎善,不诚乎身矣。

信生于诚,不诚则无信。

曾子曰:吾日三省吾身,

为人谋而不忠乎?

与朋友交而不信乎? 传不习乎?[7]

子以四教:文、行、忠、信。[8]

教人以学文,修行而存乎忠信。

忠信,本也。

人而无信,不知其可也。

大车无輗,小车无軏,

其何以行之哉?[9]

信是天地大道,

信是天下人心。

成己成物,

以诚为根。

可以去食、去兵、

不可以去信。

自古皆有死,

民无信不立!

得此信者,

无惧高山,

能涉大川!

(故事一:子贡问政。子曰:"足食,足兵,民信之矣"。子贡
曰:"必不得已而去,于斯三者何先"? 曰:"去兵"。子贡曰:"必

不得已而去,于斯二者何先"? 曰:"去食。自古皆有死——民
无信不立"。)

听,良知在歌唱,以你不欺之心倾听!
信出于心,
黑夜的光明。
君子以恐惧修省。[10]
君子养心莫善于诚。
诚其意者,毋自欺也。
不欺天,不欺人,不自欺。
忠者为何? 不欺之谓也;
信者为何? 不妄之谓也。
不欺不妄,君子之心。
《中庸》云:莫见乎隐,莫显乎微,
是故君子慎其独也。[11]
《诗经·小雅·正月》云:"潜虽伏矣,亦孔之昭。"
鱼儿潜藏在深水之中,仍然能看得很清楚。
故君子内省不疚,无恶于志。
潜德幽光啊,君子之心,日月可鉴。
《诗经·大雅·抑》云:"相在尔室,尚不愧于屋漏。"
君子独处而内心光明,
当不愧于天上的神明。
《诗经·大雅·皇矣》云:"予怀明德,不大声以色。"
上天赋予你光明的德性,
以德治国,以德治民,
春风化雨,润物无声。

何用严厉脸色，无需大声号令。

《诗经·大雅·烝民》诗曰："德輶如毛"，

美德之轻，犹如毛羽。

毛羽犹有痕，大德化无声。

《诗经·大雅·文王》云："上天之载，无声无臭。"

天地化育，无声无味，不知不觉。

天地不言，四时行焉，百物生焉。

诚信之心是大美，无言，忘我，与天地参。

（《中庸》曰：唯天下至诚，为能尽其性。能尽其性，则能尽人之性。能尽人之性，则能尽物之性。能尽物之性，则可以赞天地之化育。可以赞天地之化育，则可以与天地参矣。注：最后这一小段表达的是"天人合一"的境界。唯天下至诚，立天下之大本，知天下之化育。天人合一，物我合一。）

听，良知在歌唱，以你坚守之心倾听！

尽己之谓忠。

君子之道，本诸身。[12]

对自己之信，

是生命的苏醒。

信不外求。发自人性。

孟子曰：可欲之谓善，有诸己之谓信。[13]

信是君子对自己的要求。

君子求诸己，

小人求诸人。[14]

坐起恭敬，

言必先信，

行必中正。

泽命不渝，信也。[15]

信是至死不渝的信念。

和氏之璧，贞士之心。

怀和氏之璧，无价之宝，

为何悲伤，因何哭泣？

刖断双足，只为献玉

以命相争，所为者何？

非为其他，只为信也！

日月昭昭，不变其心。

宝玉不为石，贞士不为诳！

（故事二：楚人和氏得玉璞楚山中，奉而献之厉王。厉王使玉人相之。玉人曰：“石也。”王以和为诳，而刖其左足。及厉王薨，武王即位。和又奉其璞，而献之武王。武王使玉人相之。又曰：“石也。”王又以和为诳，而刖其右足。武王薨，文王即位。和乃抱其璞而哭于楚山之下，三日三夜，泪尽而继之以血。王闻之，使人问其故，曰：“天下之刖者多矣，子奚哭之悲也？”和曰：“吾非悲刖也，悲夫宝玉而题之以石，贞士而名之以诳，此吾所以悲也。”王乃使玉人理其璞而得宝焉，遂命曰：“和氏之璧。”

　　译注：卞和在荆山得一玉璞，献给厉王，厉王使人鉴别，说是石头，有欺君之罪，断其左足。武王即位，卞和再次献玉，武王使人鉴别，仍说是石头，又断其右足。后来文王即位，卞和抱玉恸哭于荆山下，文王派人去问他为什么哭。他说：“宝玉而题之以

石,贞士名之以诳(欺骗),此吾所以悲也。"文王令人剖璞,果得宝玉。选自《〈韩非子·和氏第十三〉》)

（中国文化里的信和西方有所不同,就在于"求诸己",下学而上达。中国人表达的"信",是宇宙万物的道理,是成己成物的根源,是天人合一之道，是对人对物的深切的爱。是对自己君子心性的剖白。而西方主要讲的是"约",是对等的契约。）

听,良知在歌唱,以你践诺之心倾听!
对他人之信诺,
是生命的交托!
君子必诚其意。
守信,赴汤蹈火!
践诺,一言九鼎!
儒有忠信以为甲胄,
礼义以为干橹,[16]
戴仁而行,抱义而处。
虽有暴政,不更其所。
其自立有如此者。
曾子以托孤喻君子,[17]
孟子以托孤谏君王。[18]
托六尺之孤者,可得闻乎?
春秋有赵氏孤儿。
献出襁褓亲生爱子,保全赵氏孤儿性命。
义,是生命中最强的一个音符,
君子之信,与义相连。

只为信义,不求苟生。

子曰:与朋友交,言而有信。

君子的友情与道义啊,何等的血性!

一诺千金,信诺人生!

柔软的是心,坚强的也是心。

(故事三:赵氏孤儿,托六尺之孤。《赵氏孤儿》主要取材于《史记》。大致剧情是:晋灵公时,武臣屠岸贾与文臣赵盾不和,设计陷害赵盾,在灵公面前指责赵盾为奸臣。赵盾全家三百余口因此被满门抄斩,仅有其子驸马赵朔与公主得以幸免。后屠岸贾又假传灵公之命,迫使赵朔自杀。公主被囚禁于府内,生下一子后托付于赵家门客程婴,亦自缢而死。程婴将婴儿放在药箱里,负责看守的将军韩厥同情赵家,放走程婴与赵氏孤儿后亦自刎。程婴携婴儿投奔赵盾老友公孙杵臼。此时屠岸贾急欲斩草除根,为搜出孤儿便假传灵公之命,要将全国半岁以下一月以上的婴儿杀绝。程婴与公孙杵臼商议,决定献出自己亲生儿子以保全赵家血脉。后程婴便向屠岸贾告发公孙杵臼私藏赵氏孤儿,屠岸贾信以为真,派人搜出婴儿,掷在地上,又刺了几剑,程婴见亲子惨死,忍痛不语。公孙杵臼大骂屠岸贾后触阶而死。王国维先生曾称该剧"即列于世界大悲剧中,亦无愧色"。)

孟子曰:至诚而不动者,未之有也。

以至诚之心而不能感动天地人心的,

从未有过。

仰面哭泣的人啊,

是否听到,

在生命之信诺的殿堂里，
一只人面的凤凰在歌唱！
歌唱性命的交托。
歌唱生命的境界，
歌唱人心的震撼，
歌唱大地的感动。
"正声感元化，天地清沉沉。"（白居易《清夜琴兴》）

听，良知在歌唱，以你守德之心倾听！
信乃天下之信，
是对道义的承诺！
子曰：信近于义，
言可复也。[19]
守信之德，
唯义所在。
君子之守，
芬芳如兰。
君子岂能罔顾于天？
君子岂能失信于地？
君子岂能偏离于道？
人无信义无所托，
物无信义无所生，
一言九鼎，
是守德者的然诺；
一诺千金，
是信义者的风范。

君子义以为质，礼以行之，孙以出之，信以成之。[20]

君子啊！

信于父母，朋友、国家，天下。

追随天下的大道，

竭尽我的全力，

抛却我的性命，

日月可鉴君子之心！

听，良知在歌唱，以你立业之心倾听！

信，国之宝也[21]。

诚为百行之源，

信为立业之本。

得此诚信，

经纶天下之大经，

立天下之大本，

知天地之化育。

为政以德，

取信于民。

季札挂剑，

士人之信；

军令如山，

将士之信；

童叟无欺，

商贾之信。

位我上者，

浩浩其天。

不渝之信，
永存我心。

（故事四：《史记》卷三十一《吴太伯世家》记载："吴使季札聘于鲁……使齐……适晋……季札之初使，北过徐君。徐君好季札剑，口弗敢言。季札心知之，为使上国，未献。还至徐，徐君已死，于是乃解其宝剑，系之徐君冢树而去。从者曰：'徐君已死，尚谁予乎?'季札曰：'不然。始吾心已许之，岂以死倍吾心哉!'徐人高其谊，为筑台以表之。"

译注：吴季子名札，吴王诸樊之弟，受封延陵（今常州）做"延陵季子"。春秋时期鲁襄公二十九年，吴季子出使中原列国，途经徐国都邑，受到徐君盛情款待，徐君非常想要季子的宝剑，只是没有说出来。季子因为有出使中原诸国的任务，就没有把宝剑献给徐君，一年后季子返徐，孰料徐君竟已作古。季子悲痛之余，为实现诺言，便将宝剑挂在了徐君墓边的杨柳树上，以作纪念。人问他："徐君已死，宝剑何需再赠?"季子说："不然。我此前心中已许他宝剑，怎可因为他离世就违背我的心愿呢?"徐国人赞美延陵季子，歌唱他说："延陵吴季子兮不忘故，脱千斤之剑兮挂丘墓"。）

音乐意象：言·诺
色调象征：纯白（无欺之色，纯洁之心，日月可鉴）

既透明又深厚，回味悠久的情感，诚实朴素的追求。
信，贯通天地人心；
信，体现生命的承诺。

诚者，天之道也。

思诚者，人之道也。

《说文解字》"诚""信"互训：

"诚，信也。""信，诚也。"

【注释】

［1］ 君子动而世为天下道,行而世为天下法,言而世为天下则:语出《中庸》。

［2］ 君子有大道,必忠信以得之,骄泰以失之:语出《大学》。君子有大道,一定要忠信才能得到它,而骄傲放纵就会失去它。

［3］ 居处恭,执事敬,与人忠。虽之夷狄,不可弃也:语出《论语·子路》。平日容貌态度端正庄严,工作严肃认真,为别人忠心诚意,纵使到外国去,也是不能废弃的。

［4］ "子曰:言忠信"等八句:语出《论语·卫灵公》。孔子说:"言语忠诚老实,行为忠厚严肃,纵到了别的部族国家,也行得通。言语欺诈无信,行为刻薄轻浮,就是在本乡本土,能行得通吗?"

［5］ "诚者自成也"等五句:语出《中庸》。诚是自我的完善,做人之道要由自己去实行。诚贯通万物的始终,不诚就没有事物了。因此,君子以诚最为可贵。

［6］ 诚者,天之道也;思诚者,人之道也:语出《孟子·离娄上》:"孟子曰:'诚身有道,不明乎善,不诚其身矣。是故诚者,天之道也;思诚者,人之道也。至诚而不动者,未之有也;不诚,未有能动者也'。"孟子说:"使自身真诚有途径,不懂得善恶就不能使自身真诚。因此,诚是上天的准则,追求诚是为人的准则。不为至诚所感动的人未曾有过,而不诚则从未有过能感动人的。"

［7］ 吾日三省吾身等五句:语出《论语·学而》:"曾子曰:'吾

日三省吾身:为人谋而不忠乎? 与朋友交而不信乎? 传不习乎?'。"曾子说:"我每天多次自己反省:替别人办事是否尽心竭力了呢? 同朋友往来是否诚实呢? 老师传授我的学业是否复习了呢?"

[8] 子以四教:文、行、忠、信。语出《论语·述而》。孔子用四种内容教育学生:历代文献,社会生活的实践,对待别人的忠心,与人交际的信实。

[9] "人而无信"等五句:语出《论语·为政》。孔子说:"作为一个人,却不讲信誉,不知那怎么可以。譬如大车子没有安横木的輗,小车子没有安横木的軏,如何能走呢"?

[10] 君子以恐惧修省:语出《易传》。君子以恐惧修身省察。

[11] 莫见乎隐,莫显乎微,是故君子慎其独也:语出《中庸》。即使在人所不知的暗处,也要防止不合于道的念头出现;即使最微小的不合于道的念头,也不使它发展到明显的地步。所以君子谨慎自己的独处。慎独即不自欺。

[12] 君子之道,本诸身:语出《中庸》。君子之道应当根植于自身。

[13] 可欲之谓善,有诸己之谓信:语出《孟子·尽心下》。值得去想望的东西叫做善,这种善为自身所拥有叫做信。

[14] 君子求诸己,小人求诸人:语出《论语·卫灵公》。君子要求自己,小人要求别人。

[15] 泽命不渝,信也:语出《管子··小问》:"信也者,民信之;忠也者,民怀之;严也者,民畏之;礼也者,民美之。语曰,泽命不渝,信也。"

[16] 忠信以为甲胄,礼义以为干橹:语出《礼记·儒行》。

[17] 曾子以托孤喻君子:语出《论语·泰伯》:"曾子曰:'可以

托六尺之孤,可以寄百里之命,临大节而不可夺也——君子人与? 君子人也'"。曾子说:"可以把幼小的孤儿和国家的命脉都交付给他,面临安危存亡的紧要关头,却不动摇屈服——这种人,是君子人吗? 是君子人。"

[18] 孟子以托孤谏君王:语出《孟子·梁惠王下》:"孟子谓齐宣王曰:'王之臣有托其妻子于其友,而之楚游者。比其反也,则冻馁其妻子,则如之何?'王曰:'弃之。'曰:'士师不能治士,则如之何?'王曰:'已之。'曰:'四境之内不治,则如之何?'王顾左右而言他。"孟子对齐宣王说:"大王的某个臣属把妻儿托付给友人而出游楚国,等他回来,妻儿却在挨冻受饿,那怎么办呢?"宣王说:"与此人绝交。"孟子说:"长官不能管理他的属下,那怎么办呢?"宣王说:"撤掉他。"孟子说:"整个国家不能治理好,那怎么办呢?"宣王左右张望而谈论别的事情。

[19] 信近于义,言可复也:语出《论语·学而》。所守的约言符合义,说的话就能兑现。

[20] 君子义以为质,礼以行之,孙以出之,信以成之:语出《论语·卫灵公》。孔子说:"君子以合宜为原则,依礼节实行它,用谦逊的言语说出它,用诚实的态度完成它。"

[21] 信,国之宝也:语出《左传·僖公二十五年》。

尾声　大道之歌

大道之歌：生命的张扬，心灵的歌唱。赞美和谐！敬畏生命！邦行王道，天下和平！

歌咏（齐诵）：大道之行也，天下为公。选贤与能，讲信修睦。故人不独亲其亲，不独子其子。使老有所终，壮有所用，幼有所长，矜、寡、孤、独、废疾者，皆有所养。男有分，女有归。货，恶其弃于地也，不必藏于己；力，恶其不出于身也，不必为己。是故谋闭而不兴，盗窃乱贼而不作，故外户而不闭，是谓大同……

文学主题：

听，人类在歌唱，以你欢腾的心倾听！
万川归海，万邦归心，天下归仁！
礼赞生命，礼赞和谐，礼赞人文！
四海之内皆兄弟，
天涯海角若比邻！
人类何其美好、尊严、快乐，

大地何其繁茂、青葱、热烈。

展开欢颜,拥抱大地,诗意地栖居!

我们何以在这宇宙生存?

我们何以在这世间立命?

以仁的博爱,以义的刚毅,

以礼的和美,以智的明辨,

以信的诺言!

音乐形象:人文颂歌亦是大道之歌。

《礼记·礼运》篇当中"大道之行,天下为公"的思想,是儒家社会政治理想的最高境界,是几千年来一直激励着仁人志士为之奋斗的社会理想。这是儒家思想中最进步的理念,最有利于和谐社会建设的思想资源。以人为本,人以什么为本? 人以五常为本;为什么以五常为本? 要天下和谐;为什么要天下和谐? 因为要天下大同。儒家的终极的政治目标、社会目标、道德目标,就是天下大同。

《人文颂》创作座谈会领导及专家发言

　　为了充分听取理论家和音乐家的意见和建议,2009 年 8 月 13 日,深圳市委宣传部在深圳五洲宾馆召开了交响乐《人文颂》创作座谈会。来自《求是》杂志社、中国音协、中山大学、黑龙江大学、中国音乐学院等单位的领导和专家学者出席了座谈会,市委常委、宣传部部长王京生出席会议并作重要讲话,深圳方面尹昌龙、景海峰、侯军、王为理、韩望喜等出席会议发言。与会专家高度肯定了《人文颂》创作的政治意义和学术价值,对交响乐《人文颂》的创意和前期工作给予了高度评价,认为《人文颂》的创作是一项国家工程,对于弘扬中华文化优秀传统,铸造中华文化新的辉煌,推动中华文化走向世界,意义重大。深圳的文化战略立意高远,站在了国家文化战略的高度,创作《人文颂》正当其时、大有可为。这是文化建设的大工程,是在中国日益成为世界强国的时代背景下发出的文化强音,这是一件功在当代,利在后人的大事,值得为这件作品去努力奋斗。

用音乐解读中国传统价值观

王京生

　　创作大型儒家文化交响乐已历时三年。三年前就有这么一个想法，想搞一个儒家文化交响乐，最早就叫《儒家大典》。深圳交响乐团几年前搞过一个《神州和乐》，以交响乐的形式表达佛家文化，既体现了佛教的盛大庄严，又融合了交响乐的壮丽辉煌，到东南亚、美国以及其他一些地方演出，很受欢迎，在韩国演出，据说引起轰动，影响比较大。受此启发，就想用交响乐的形式阐述中国传统文化，特别是儒家文化。动了这个念头以后，就让深大、文化局和深圳报业集团各写了一个本子，但是这些本子和我们最早要表现的思想是有距离的，有的本子既有儒家的东西，又掺和了很多道家的东西，还有一些庙堂音乐，这些都放在一起，过于庞大，也比较庞杂，觉得还不太行。这件事情一直萦绕我心，于是我把韩望喜博士找在一起研究，创作了《人文颂》文学脚本。搞这么一个交响乐，我也跟市委领导交换过意见，包括在宣传部也进行了讨论，主要是基于这样几点考虑。

　　一、随着中国的崛起，需要张扬我们的文化主权。一国文化

88

主权的张扬，实际上就是一个国家文化核心价值在世界上的影响力，而这种影响力从功利的目的来讲，就是要通过文化的影响力来拓展国家利益，从更加广泛的意义上来讲，这是中国崛起的一个重要标志。毫无疑问，当我们弘扬文化主权的时候，我们必然就要对我们国家的古代文化有一个重新认识、弘扬、宣传的过程。所以，创作儒家文化交响乐《人文颂》是中华文化复兴、弘扬国家文化主权的需要。

二、弘扬国家文化主权，就要谈儒家思想。儒家思想，应该说，历朝历代都在谈，追溯历史，从汉武帝"独尊儒术"以后，应该说儒家思想和中国以后的统治，形成了一种互相依存的关系。这种依存关系，一方面，儒家思想对中国的政治，达到了咨政、咨事的目的，对国家政权的稳定、发展，对东方的文明方式，都产生了重大影响，在这个过程之中，它对政权的发展是不断促进的。同时，学者对儒家思想进行阐述的时候，也更多的是从政治的、宗法的、礼教的方面去阐述，从有利于统治，从统治者的学问这个角度去阐述，而对孔子当时提倡的很多人文性的东西的阐述，这几千年以来，不能说没有，但是由于中国的政治体制和文化的变迁，这方面是被忽视了，需要在今天重新深入发掘，而儒家文化最闪光的东西，恰恰就是对人的重视，对人的尊严，人的智慧，人格的尊重。肯定人的价值，肯定现实生活的价值，肯定道德的价值。人的问题，是孔子建立儒家学说的根基，对于当代文化建设来说，儒家关于人的思想具有重要意义和价值。这是《人文颂》要表达的思想内涵。

通过交响乐的形式，去阐述这些理念，我觉得很好。我们今天说，仁义礼智信就是儒家提倡的人的核心价值，但同样，在儒家文化里面，忠孝节义也讲过，礼义廉耻也讲过，它们也都是儒家文化的内容,为什么说仁义礼智信是交响乐《人文颂》要表现的内容呢？我觉得这里有必要对儒家文化进行重新发掘,特别是对其人文价值进行重新发掘认识。忠孝节义更多提倡的是人对社会的责任、人对群体的责任这个层面的关系,这并非儒家思想的核心所在,儒家思想的核心是仁义礼智信五德兼备的人,是大仁大义、大智大勇的"大写的人",《人文颂》就是基于这个认识来表现中国文化核心价值的。

三、提出以人为本的科学发展观, 是我们党在思想上的重大飞跃。这些年, 理论界都在探讨, 从以阶级斗争为纲, 到以经济建设为中心, 到今天提出以人为本, 确实表现了我们党对事物的不断与时俱进的深刻认识, 达到了一种真正的科学认识。以经济斗争为纲, 在当时的环境之下, 它确实对于民主革命成功, 对社会主义初级阶段的建立起到了作用。改革开放以后, 提出以经济建设为中心, 直到今天, 还是要推动以经济建设为中心的发展。现在提出以人为本, 我觉得我们党对人的价值、人的作用的认识, 真正做到了各界都能接受, 也表明我们党的目光远大和更加正确。以人为本, 我当时跟韩博士讲, 我们说科学发展观是以人为本, 那么人又是以什么为本呢？得出的结论就是, 人就应该以我们老祖宗提出的"仁义礼智信"为本。我觉得舍此以外, 没有其他的本, 而且仁义礼智信确实是缺一不可的,应该是一个完整的统一整体。这五个方面, 每一个方面都很重要,但只有这五个方面结合起来, 才是一个完整的大写的人,才是理想的健全的人格。通过歌颂"仁义礼智信", 我们回过头来,强调以人为本,尊重人,理解人。通过交响乐的形式阐述这些理念,应该说是我们想做的一件事情,想做的一个尝试。初步想的就是这些,其他的是韩博士具体的创作,这个创

作,我觉得,文采和思想内容都是很好的,怎么做得更好,要认真
倾听专家的意见。

（王京生:中共深圳市委常委、宣传部部长）

大道之歌

夏伟东

感谢深圳市委宣传部和京生部长邀请我来参加这个研讨会,也很乐意参加这件有意义的文化工程。

刚才听了段部长的介绍,韩博士的介绍,特别是京生同志的阐述,我对这件事情,对这个作品的认识更加全面,也更加深化了。

我今天的发言,是想从伦理学学科的角度,为《人文颂》文化工程提供一点学理论证。不妥之处,请批评指正。

主要谈两个方面。一是谈谈"人文颂"这件事;二是谈谈《人文颂》这个文本。

一、关于对这件事的评价

怎么看待"人文颂"这件事?首先我觉得,对"人文颂"这件事的价值要有充分的估量和充分的信心。这是我们做好以后的工作的动力根据所在。

第一,做这件事正当其时。

党的十七大有一个很重要的提法,就是要增强中华文化的感召力,这个提法,看似平常,实则是一个十分重要的号召。整个中华民族,不光要不断地增强经济上、政治上的自信心,而且要不断地增强文化上的自信心,这是我们国家从大国变成强国的一个起点,一个标志。我们国家发展到这个阶段,确实到了认真对待中国文化在世界上的地位、影响和作用问题的时候了。我前几年在一个文化大讲堂上曾经讲过深圳的文化现象。深圳为什么特别关注文化,因为它在经济发展上去之后,必然要把注意力投向文化。我觉得深圳是中国的一个缩影,整个中国的经济发展上去之后,也规律性地会把注意力投向文化。中国在世界上的地位,最终不是用经济地位来决定的,是要由文化地位来决定的。

当然,经济是基础,没有经济做基础,就什么都谈不上。但是一个国家光靠经济在世界上能有多大的影响呢? 日本的经济很强,但日本在世界上的影响能够和美国比,能够和欧洲比吗?不能! 所以世界上甚至有一种观点,认为“日本是没有文化的国家”。所以,一个国家在世界上要真正具有强大的地位,就需要有真正强大的文化感召力。今天我们讲“中国模式”要成为世界认可的一个发展模式,最终要靠建立在经济实力之上的文化的感召力。我们对美国的影响力的感受,其实首先是对它的文化力量的感受,它的媒体的影响力,它的好莱坞的影响力,它的麦当劳和肯德基的影响力,都是不可小视的,而且这种影响力潜移默化,侵入的是人们的世界观、人生观和价值观。

由此可见,今天我们在这里做这样一件事,通过弘扬优秀传统文化,通过普及有中国特色的音乐,特别是通过将这二者相结合的途径,使我们的文化真正地走出去,这是增强中国文化整体感召力的非常有意义的尝试。所以我说这是时代呼唤,正当其时。

第二,做这件事大有可为。

用音乐来传播中国文化,特别是中国传统文化,实在是找到了一个"世界语"的方式。音乐不用翻译,音乐的符号是一样的,音乐的呈现方式是相通的,汉语和外国语,通过音乐这个桥梁,可以消除文化翻译中的隔阂现象。现在中国文化走出去最困难的一个瓶颈,一个严重的障碍,恰恰就是我们的语言。我国现在中译英的高端人才,甚至还不如 20 世纪 50 年代,当前高端中译英人才,用业内人士的话说,是凤毛麟角。

深圳市委宣传部找到音乐这种形式来传播中国文化,就是找到了一种"世界语"的载体,是一个特别好的创意。仔细想想,多少年来,向国外系统传播和介绍中国文化的音乐作品是很少很少的,现在国外讲到中国音乐,似乎就是《茉莉花》,用《茉莉花》来代表中国,好像《茉莉花》就是中国文化典型的音乐符号和文化象征。其实《茉莉花》只是一个侧面,只是一朵浪花,而无法作为中国文化的整体象征。把中国文化简单地音乐化为《茉莉花》,实在是太片面了,是对中国文化的片面解读。所以,我们确实需要认真地思考,在音乐这个领域,在音乐和中国文化相结合的领域,是不是有一个很大的空场。

从这个角度来看深圳市委宣传部致力于《人文颂》的这个创意,在一定意义上可以说,用交响乐来诠释儒家文化,就是填补空场之为。当然这不是说这个作品以后就成为中国文化的音乐符号和象征,我们不需要这样来拔高和瞎吹捧,但这件事情的开创性意义是不言而喻的,顺着这样的思路,人们可以做许多类似的创新。《茉莉花》需要保留，但《茉莉花》只是中国文化当中的一个音符，一片绿叶，我们还需要《人文颂》，需要中国文化繁花似锦的百花园。

还有一个现象值得研究。这些年我们国家的音乐团队走出去，到世界舞台上演奏的作品，更多的是古典乐曲和几十年前的作品，真正能够到国际舞台去和别人交流的当代作品很少。比如，现在歌剧唱来唱去还是《江姐》，还没有超过《江姐》的东西。《江姐》能够成功，很大的原因就是因为有民族文化包括民族音乐的元素在里面，《江姐》的唱段，有川剧的东西，有江南音乐的素材，有西北、东北的音乐元素，等等，最后汇成这么一个民族化的歌剧。这对我们今天做《人文颂》是很有参考价值的。总之，中国文化、中国音乐走出国门，通过音乐的形式来传播中国文化，增强中国文化的感召力，是大有可为之事。

第三，做这件事水到渠成。

深圳做《人文颂》的条件是完全具备的。一个成功的先例，就是深圳前些年做的《神州和乐》，这部佛教交响乐各方面都很认同。我听过《神州和乐》的 CD，看过《神州和乐》的 DVD，很感动。后来又有机会在国家大剧院音乐厅听了深圳交响乐团的现场演出，感觉更不一样，乐团倾力演奏，众多僧人现场歌唱，共同传诵神州和谐之音，场面宏大，令人感动。《神州和乐》感动我们的是什么东西？是宗教？是天国？不是的，因为我们是无神论者。感动我们的，其实是文化，是中国特有的和谐文化，也就是"天人合一"的和谐文化，这不是天国的东西，而是世俗的东西，人间的东西。

《神州和乐》表现的是佛教题材，是宗教元素，实际上与世俗是有一定的隔膜的，如果宗教的东西都能够如此成功，那么，世俗的东西,儒家的东西,真正中国人的精神情结的东西,就更加容易成功。《神州和乐》打动人们的更多的是文化的元素,而我们要做的《人文颂》,表现的是儒家题材,完全是入世的、人文的内容,是中国历史文化发展大道上的主流的声音,因此就更加容易和人们的心灵沟通,人们更容易从这些方面去感悟《人文颂》的音乐元素,感悟这些音乐元素所要表现的儒家的人文精神。从这个意义上说,《人文颂》的音乐表现手法,比《神州和乐》要宽广得多。

因此,我认为,深圳有《神州和乐》成功的经验,有《人文颂》这么好的题材,再加上组织领导和专家支持的运作方式,不愁出不了精品力作,而且一定是水到渠成的。《人文颂》与《神州和乐》的交相辉映,功在当代,利在后人,大家值得为这件事情去努力奋斗。

二、关于对这部作品的评价

《人文颂》的文学本是一个好文本,基础不错,赞赏创意者的智慧和境界,执笔者的才气和学养,这是我对这部作品的总的评价。当然,现在的脚本,还需要下大功夫打磨和推敲。无论如何,这个文本都是难能可贵的,因为儒家的思想、儒家的人文精神博大精深,试图用文学的形式、音乐的形式来呈现,难度很大。

我谈几个问题。

第一,关于作品的主题。

《人文颂》以人文精神为主题,要表现儒家活的东西,有生命力的东西,我认为抓到了根本,是非常好的思想,符合时代精神。也就是说,我们是要用当代的意识来诠释历史的东西,来诠释儒家的东西,用当代的意识把儒家活的东西、真正好的东西归纳、总结、提炼出来。确实不能搞成"庙堂之音"。如果搞成"庙堂之音",我们就不会有志趣参与这件事情。《诗经》中真正有生命力的东西在"风"、"雅"里面,"雅"里面的精华更多的是在"小雅"里面。真正历千年而不衰的,是人民的东西,也就是民族性和人民性的东西。儒家思想真正的有生命力的东西也是民族性、人民性的东西,而不是"庙堂之音",如果我们要搞成"庙堂之音",这个方向就错了,这个路子就不是时代精神的路子,不客气地说,就是倒退复古的路子。复古没有出路。所以,抓住儒家活的东西,有生命力的东西,这个认识是奠基性的,是一种清晰的文化自觉的表现。现在确实不乏复古之声,有些学者很极端,好像中国一切问题的根源就是因为把儒家打倒了,一切解决问题的途径就是重新回归儒家之路。这样的看法,至少是太书呆子气了吧。《人文颂》用人文精神作主题,是点睛之笔,是整个作品的纲。人文精神可以理解为以人为本的精神,《人文颂》在这个意义上说,就是"以人为本颂"。这个主题,既是历史的,又是现实的,还是未来的。

为什么说是历史的?

中国传统道德本质上就是"以人为本"的道德,这与西方社会"以神为本"的道德是截然相反的,因为与西方文化浓郁的宗教情结不同,传统的中国社会中道德就在人伦日用之间,从这个意义上可以说,中国传统道德本质上就是"以人为本"的道德。这是中国传统道德的一个根本特点,也是中国传统道德真正的优势。这个观点,最早是著名哲学家、北京大学教授张岱年先生提出来的。张先生引用了孔子的一段话来阐述这一观点。孔子的学生问什么叫智,孔子答曰:"务民之义,敬鬼神而远之,可谓知矣"。意思是把心力专一地放在使人民走向"义"上,敬鬼神而远之,可以说是有智慧。孔子实际上并不完全否定鬼神存在,但孔子敬鬼神而远之,孔子更关注的是世俗,强调人要更多地关注解决自己的事情,不是靠鬼神解决自己的事情,而是靠道德解决自己的事情。这句话明白无误地表明,孔子的道德观就是以人为本的道德观,道德的终极标准在人,道德善的观念是从人这里推出来的,而西方的道德观更多的是从上帝那儿来的,道德的终极标准在上帝,至善标准是从上帝那里推出来的。

中国传统道德中以人为本的主题表现主要在哪些方面呢?

其一,肯定人的价值,颂扬人格尊严。这和《人文颂》的题目完全是一致的。孔子说,"天地之性,人为贵";孟子说,"生,亦我所欲也;义,亦我所欲也,二者不可得兼,舍生而取义者也。生亦我所欲,所欲有甚于生者,故不为苟得也;死亦我所恶,所恶有甚于死者,故患有所不辟也"。所以,儒家以人为本的道德,首先就是肯定人的价值,颂扬人格尊严,为了追求这种人的价值和人格尊严,甚至死去比活着更有意义,要当仁不让。

其二,注重人与人之间的关系。儒家重人伦,也就是注重调节伦常关系。在先秦,就有孟子的"五伦","仁义礼智"的"四德",韩非子也提出了"三纲"思想的雏形表述,"臣事君,子事父,妻事夫"。西汉人在仁义礼智四德基础上,加上了"信",董仲舒明确提出了仁义礼智信"五常之道",又提出了"王道之三纲"的说法。在当时,这些内容都是分别论述的,到了东汉,官方在其道德经典《白虎通》中,才将这些内容集中起来论述,形成了"三纲六纪"("三纲":君为臣纲、父为子纲、夫为妻纲;"六纪":仲父、兄弟、族人、族舅、师长、朋友),之后,在"三纲六纪"

的基础上,又逐渐演化出"三纲五常",从此,"三纲五常"便成为中国古代思想文化的"总纲"。"三纲五常"中的"五常",就是《人文颂》演绎的"仁、义、礼、智、信"。所以中国传统道德以人为本的特点,实际就是重视"五常"。《人文颂》抓住"仁、义、礼、智、信"做大文章,完全是有深厚的学理根据的,并不是拍脑袋拍出来的。

其三,实现社会和人际关系的和谐。这就是孔子说的"和为贵"。"三纲"也好,"五常"也好,最后的目的就是要实现社会和人际关系的和谐,就是要和为贵。

儒家以人为本的道德所包含的这三个特征,即注重人的价值、人格尊严,注重伦常关系、特别是注重仁、义、礼、智、信,以及注重社会和谐,这三个方面在《人文颂》文本中,都是表现的主线,都得到了充分的诠释,从而证明,《人文颂》的主创思想与主题,同古代先哲的核心思想是一致的,是有所本的,而不是主观臆造的。所以说这个主题是历史的。

这个主题为什么是现实的?

我们现在强调社会主义核心价值体系建设,社会主义和谐社会建设,这些都是当代中国社会的关键词。其实,这些关键词都可以从中国优秀传统文化中找到生动的资源。马克思主义中国化的标志是什么? 社会主义中国化的标志是什么? 一个基本的方面,就是要和中国的实际相结合。所谓"中国实际",包含多方面的内容,其中一个重要的方面,就是中国文化的实际。当年毛泽东在《新民主主义论》当中就明确地提出了马克思主义的中国气派、中国风格的问题,他给出的答案,就是马克思主义的内容和中国文化的表现形式相结合。这个思路,在我们今天建设社会主义核心价值体系,建设社会主义和谐文化的过程中,同样是适用的。正是在这个意义上说,《人文颂》表现的主题也是非常现实的。

这个主题为什么是未来的?

伴随现代化建设的全过程,伴随中华民族伟大复兴的全过程,其实都有一个不断地文化自觉和文化建设的艰巨任务。中华民族的伟大复兴,既包含着经济、政治的大发展,也一定包含着文化的大发展,包含着民族文化的伟大复兴。没有民族文化的大发展、大繁荣,就不可能有中华民族的伟大复兴。从这个意义上说,整个文化的建设,是一个伴随整个现代化过程始终的一个重大课题,深圳致力于《神州和乐》,致力于《人文颂》,等等,都应该视为围绕未来文化大发展、大繁荣而从事的开创性工作。

第二,关于作品的主线。

《人文颂》以仁、义、礼、智、信"五常"为主线,是再合适不过的,题目选得好。儒家的思想非常庞杂,孔子以后就有很多流派,孟子以后流派更多,各个朝代都有各种各样的变化,到了宋明以后,变化就更大,儒道释三家又合流,很多思想并不是很纯粹的。儒家思想本身的复杂性,加上中国传统文化的复杂性,使得我们今天在把握传统文化题材的作品时,需要认真思考、审视和甄别,把握不好,就会杂乱无章,就没有办法做出精品来。关键是抓好主题以后,要抓好主线。

"五常"就是《人文颂》真正的主线。中国传统文化的核心部分是什么?季羡林先生认为就是传统道德。为什么?几千年以来,世界上这么多国家,有哪一个国家像中国这样几千年如一日这么重视和关注道德。在传统道德当中,最核心的又是什么?陈寅恪先生曾经说过,传统文化和传统道德当中的核心,就是《白虎通》中提出的"三纲六纪",他甚至认为"三纲六纪"是中国文化和中国道德的精华。今天来看这个评价,说是"核心问题"是完全站得住的,说是"精华",则需要甄别,不能一概而论,不能说过了。"三纲六纪"是"三纲五常"的前身。张岱年先生曾说过,从"五伦"到"三纲六纪",再到"三纲五常",这个历史演进过程是很值得研究的。对这条演进线路我们现在并没有完全搞清楚,还值得进一步研究。但无论如何,从"五伦",一直到"三纲六纪",最后到"三纲五常",就是中国传统道德演进的一条中心线。因此,我们抓中国传统文化的题材,传播中国优秀传统文化,首先要抓中国优秀传统道德,抓中国优秀传统道德演进的这条中心线。

这个路子大方向是正确的,关键是具体抓什么。《人文颂》抓"五常"的路子是一条正道,一点也没有偏离历史和学养的大道。"三纲五常"当中,"三纲"不是精华,而是糟粕性的东西,今天要抛弃。《人文颂》的选择是正确的。"君为臣纲"、"父为子纲"、"夫为妻纲",这三条,在今天没有一条有积极意义,完全是糟粕。当然,"三纲"在历史上的积极作用是另外一回事,我们做《人文颂》,完全可以不讨论"三纲"在历史上的作用问题。

但是"五常"的情况就不同了,"五常"经过甄别改造,完全可以古为今用。

以"仁"为例。仁的基本含义是爱人,即孔子说的"仁者爱人",这就完全可以改造,可以改造成爱人民,爱人民有什么问题呢?

以"义"为例。义的基本含义就是正义,"义者,宜也",翻译成西方的概念,"义"就是正义,就是公正,我们现在建设和谐社会,一个重要的标准就是公正,所以对"义"进行改造是没有问题的。

以"礼"为例。礼的内容中,糟粕性的东西要多一些,封建礼教,繁文缛节,都是要反对的,鲁迅先生当年在《狂人日记》里一针见血地揭露"礼教"是吃人的东西。但是,"礼"包含的两个内容,是值得我们今天认真发掘和改造吸收的:第一是要讲秩序,和谐社会需要讲秩序,现在我们社会当中很多问题都与没有秩序有关;第二是人和人之间要以礼相待,要体现礼仪之邦的德风。所以对"礼"的改造也是可以接受的。

以"智"为例。智在儒家那里,主要是从道德层面上说的,更多地讲的是道德认识和道德觉悟,这当然是今天我们要提倡的。从个人的道德成长发展的规律来讲,首先要有道德认识,然后才能提升为道德觉悟。所以对智的改造也是没有问题的。

以"信"为例。信就更没有问题了,信几乎就是一个"共同价值","人而无信,不知其可也","民无信不立"。人和人之间要讲信,国家和国家之间要讲信,当政者更要讲信。

由此可见,"五常"是完全可以从今天的认识层面来重新定义的。

《人文颂》扣住人文精神这个主题,抛弃"三纲",抓住"五常",再把儒家思想中其他好的东西加进去,就可以做到"纲举目张",以小见大,通过"五常"这个"斑点",窥到中国优秀传统文化和传统道德的"全豹"。《人文颂》的基本路子就是这个路子,完全是正道的东西,值得人们赞赏、支持和期待。

当然,这里面有一个问题需要研究。"三纲五常"是中国传统文化和道德的核心问题,但在"三纲五常"中,真正的纲是"三纲","五常"是为"三纲"服务的,"三纲"是统领"五常"的纲领。我们现在抛弃三纲,只剩五常,这就带来另外一个问题,即儒家的精华用什么来统领? 由于"五常"是平列的,仁、义、礼、智、信都不可偏废,所以确实很难在"五常"中找出一个"统领"来。尽管在这个问题上有争论,有认为儒家更重仁的,有认为儒家更重礼的,也有认为儒家是仁礼合用的,等等,但无论如何,《人文颂》不必介入这个讨论,而是注重仁、义、礼、智、信不可偏废,缺一不可。

这就需要《人为颂》找出既能真正作为儒家道德当中的纲领,能够把"五常"和其他内容统一起来,又是我们今天能够接受的思想。这个思想是有的,它不是强加给儒家的,而是儒家真正的优秀传统,这就是《礼记·礼运》篇当中的"小康大同"思想,特别是"大同"思想:"大道之行也,天下为公。选贤与能,讲信修睦。故人不独亲其亲,不独子其子。使老有所终,壮有所用,幼有所长,矜寡孤独废疾者,皆有所养。男有分,女有归,货恶其弃于地也,不必藏于己,力恶其不出于身也,不必为己。是故谋闭而不兴,盗窃乱贼而不作,故外户而不闭,是谓大同。"大道之行,天下为公,我们既可以把这个思想看成是儒家的社会政治道德理想的最高境界,也可以把它看成是中国原始共产主义思想的萌芽。康有为的《大同书》就是从这里来的,孙中山讲"天下为公"也是从这里来的。这个思想,是儒家思想当中最进步的思想,几千年来一直激励着中国进步人士为之不懈奋斗;这个思想,和我们今天讲的建设社会主义和谐社会的思想是相通的,是最有借鉴意义的思想。

因此,可以把"大道之行,天下为公"这一段话拆分安排,作为《人文颂》的一个总纲,甚至可以用做开篇的话和结语。"五常"的目的是"和",是"和为贵"。"和"的目的又是什么呢?是天下大同。这才是我们社会追求的终极的社会目标和道德目标。我们要以人为本,人以"五常"为本,"五常"以和谐为本,最终以"天下大同"为本。有这么一个纲,整个人文精神的境界层次就上去了,我们文化的归属,既不是"人对人是狼"的社会,也不是"天国"和"极乐世界",而是世俗的、天下为公的大同世界。

（夏伟东:中国伦理学会副会长）

深刻的文化自觉　宏大的文化工程

徐沛东

这是我第二次参加这样的讨论。深圳总是给我们一些惊喜,无论是城市发展、经济建设还是文化战略,我觉得深圳很大气。就从音乐的角度来看,我的感触非常深。随着改革开放的深入,深圳推出来的像《走进新时代》、《春天的故事》等一大批文艺作品,都不是站在深圳、广东或者南方的角度,而是站在全国甚至世界的角度,这种文化思想,这种宽广胸怀和文化气度,引领了中国文化发展的先锋。这次的儒家文化交响乐《人文颂》又给了我们一个很大的惊喜。我特别理解上次京生部长和我们一块开小会探讨《人文颂》创作的时候,部长的思路,就是要站在国家文化战略的立意上来考虑文化的发展,所以深圳策划了文化工程,启动了音乐工程,这是我作为音乐工作者感到非常欣慰的事情。非常感谢深圳市委市政府能够站在国家战略的高度上考虑问题,文化建设不能急功近利,如果急功近利,我们的文化发展,就会走歧途。如果都有深圳这样的一种气魄,这样的深谋远虑,我们的文化发展,就会走上一个非常健康的方向。文化建设是很艰巨的,也是很有意义的。谈起文化的大发展,大繁荣,好像是个口号,其实是可以雄心勃勃地大干一场的。文化的发展绝不是经济的发展,其过程相当艰巨。一个民族的复兴,不仅仅是起多少高楼大厦,也不是经济增长多少点,多少 GDP,当然也不是把灿烂辉煌的古代文化没事拿出来亮亮,展示展示,文化是要发展的!从这个意义上来讲,我觉得深圳做出了一次伟大的抉择。创作《人文颂》,这是在理解科学发展观、以人为本的思想的情况下,我们进行的一次深刻的文化之旅。我们今天谈科学发展观,是非常重要的,因为曾经有过一些不科学的发展,导致了我们今后发展的制约和障碍,所以才提出了科学发展观这样一个伟大的战略口号,我觉得意义非常深远。创作儒家文化交响乐的创意很好,用音乐表现儒家文化在当下很适合。儒家文化延续了几千年,有强大的生命力。对三纲五常、对儒家思想的批判,我们都曾经历过,现在要实事求是地看待儒家文化和中华文明。我觉得提出科学发展观,是很实事求是的,如果说还是一味地低头去拉车,不在文化上有更好的规划的话,就会很麻烦。我们在很长的时间里,沉浸在一种自我感觉上,没有深层次的对中华民族精髓的文化自觉,从这点来看,我觉得更显出《人文颂》这个项目的伟大意义,是对博大精深的中华文化的前途和命运的思考,而不是急功近利地站在一个很小的角度去进行一些文化产业的生产,小作坊,弄一个作品,弄一首歌。《人文颂》这部作品,它的意义并不在于做一部交响乐,它的意义是对中华文化精髓的文化自觉。我们每年生产的交响乐上百部。刚才夏教授一直在谈这个问题,为什么近 30 年,有这么开放的思想,这么开放的政策,资金这么充足,可是演出还是老三篇:《黄河》、《梁祝》、《红旗颂》,很难拿出一些重量级的音乐作品来让观众感到满意。我个人认为,做大型儒家文化交响乐《人文颂》虽然是一项非常艰巨的工作,但也是一项很有意义的工作,当然,文学本子再好,最后体现还是在音乐上。我再谈为什么交响乐《人文颂》非常重要呢?我们传播中华文化需要一个载体。传播这样一个深奥的人文思想,我们用什么去传播?用诗歌?与现代的时代差距甚远;歌曲?含量太小;小说?不会有太多的受众;影视剧?没故事,你不能瞎编啊!"五常"我能编一个故事吗?因此,音乐就是一个最好的载体,用音乐来表现很适合,既抽象又具象,可以表现人的精神意念,给人思考,它能够非常深刻地揭示你要阐述的思想内涵,所以我觉得,非音乐莫属,当然,绘画也可以,但是在它的这个震撼力方面,以及这个项目的持续发展方面,可能音乐会更好一些,所以我非常赞同创作交响乐的这个想法。关于名字,我认为叫《人文颂》非常好,儒家文化有精华,《人文颂》就是要把儒家思想的精华,在今天以人为本的社会里,更好地进行张扬,弘扬中华文化的精髓,要找出一个对中华民族、对世界发展有意义的核心价值。当然,儒家文化里确实也有糟粕,随着历史发展,糟粕逐渐会被淘汰,在今天这样一个文明社会,我觉得非常有必要对仁义礼智信进行更好、更全面的人文的解读。

深圳市还有音乐工程。我觉得非常荣幸的是,它是工程而不是音乐作坊或者音乐的创作集团。它用了很多办法,发动了很多的地方来共同地着眼于国家战略上的文化自觉。《人文颂》是音乐工程的重点项目,按照科学发展观的思路来做《人文颂》,就是真正的文化自觉。从这件事来讲,我们要下定决心把《人文颂》这部作品做好,要请音乐功力非常深厚的作曲家作曲。这个本子我昨天粗粗翻了一下,应该是提供给音乐家一种音乐创作激情的刺激,音乐家会很聪明地对这个东西进行很好的揣摩。音乐语言是一种极其抽象的艺术,这就是音乐的功能,因此,表现《人文颂》的思想境界,是最为重要的,我觉得不可以把它分得很清楚,"仁"怎么表现,"礼"怎么表现,他可以根据他自己的一些语言的构思,去表现这样一种精神,这我觉得对词曲家的创作有很多的启迪。不要在标题上写得太具象,我们过去那些古典音乐家,都是写无标题音乐,但是今天你仍然能够听到它的交响乐的思想。这个工程,我认为其意义是非常深远的,但是它是一个非常艰巨的工程,不是说写完了就立起来了就行,第一,写的本身要非常壮阔,还要大家能接受,不要自己好像很深奥,不管听众的感受。音乐写了是要给人听的,不能说我听不得,听了胃疼,这个就麻烦了,不仅要能听得,而且要通过音乐去感受,可能我觉得要经过打磨,不是一下子能成功的,我们前面说的音乐的杰作,像"老三篇",不是写完了就这样的,是要经过几代人不断地打磨,每个音符修改,包括贝多芬的作品,是经过多少代的指挥家、演奏家不断地打磨,谱子跟原作已经有很大的不同了,我觉得不要一下子说成了,或者不成了,那样作曲家的压力会很大,这是一个遵循创作基本规律的做法。同时还有一个推广、传播的问题。音乐写出来是让人听的,而且音乐的受众,跟美术的不一样,跟电视也不一样,要想尽办法在一些场合里进行传播,让大家知晓,当然这个首先取决作品本身,确实要很讲究,那么我们再下很大的力气去进行推广,我觉得这个工作,并不是一个很简单的工作,不是说我们写出来,演奏完了就成功了,可能我们还要请爱乐乐团,请国交等在更大的场合再进行推广,也可能我们请维也纳的、柏林的国立乐团去演奏,因为《人文颂》最终是要走向世界的,要成为世界性的作品。我想,《人文颂》是非常容易被人接受的作品,你写的,他们会理解的,而且现在全世界孔子热,对汉文化的热也非常盛行。我前两年在德国访问,走了一圈,孔子学院如雨后春笋,我相信这都是我们传播的媒介的基础,要想尽一切办法张扬中华文化核心价值观。

你看,增长多快,还在增加,刚才夏教授说得很好,你经济繁荣了,你的文化开始张扬了,别人才认识你了,才理解中国为什么是这样的。我觉得,我们整个的社会发展,离不了党的正确领导,离不了党领导全国人民艰苦奋斗,同时我觉得,中国文化中的人文思想很重要的,在现代社会它能起到它应有的作用,我们不能丢掉它。比如说以人为本,比如说仁义礼智信,这些文化观念,世界各国都在研究,我们把这些思想,一些文化的精髓,用音乐这种无障碍的语言来进行传播,会起到很好的效果,这就要求我们一定要集中优势,把《人文颂》这个作品做好做足,我觉得要把它做成一个有世界影响的作品。这么深奥的一个作品,我们为什么必须这么大张旗鼓地做?必须得这样,要做成一个文化事件,就是要张扬我们这种在文化发展上的主导作用。说实话,我今天来,我的理解和认识有了很大的提升,我看到了一种战略,看到了一种文化自觉,看到了一种大气的策划,这点来讲,我觉得,《人文颂》不止全国人民,全世界人都会感兴趣的。我们要抓住《人文颂》这个作品,竭尽全力把它做足。任务虽然很艰巨,我表个态,我会尽我的力量来进行全方位的呼吁,全方位的协调、联络,把这个事情做好。

(徐沛东:中国音协分党组书记、副主席,著名作曲家)

再唱"礼乐之邦"的人文颂歌

修海林

  感谢深圳市委宣传部和市文体旅游局的邀请,使我有机会参加"大型儒家文化交响乐《人文颂》创作座谈会"。会前阅读了邀请函和文学台本,我是将邀请函和文学台本,作为一份对于当代文化建设作出主动选择、并有全新文化创意的"人文宣言"来读的,感触颇多。在会上先后听了王京生部长和夏伟东、徐沛东同志的发言,又不断受到启发,引起新的思考。借此谈谈个人一些零散的感想,同时提出一些力所能及的建议,以资参考。

  第一,深圳市委宣传部的这项策划和创意,具有很高的立意。我的体会是,其立意有三点,一是对内文化认同,即在中华民族复兴新的历史进程中"建设中华民族共有精神家园",这点在我们当代的历史发展中显得比较重要,特别是在现在这个时期;二是对外张扬文化主权,即在中国经济崛起的同时,强调同时要在文化上崛起,不失本位、重塑本位;三是中华文化核心价值的弘扬,即面对每一个文化主体,以中华民族传统优秀文化作为有中国特色社会主义文化的重要成分,面对新的文化发展需要和实际现状,重塑价值、信仰体系和人格精神。在这样的前提下,所谓"仁义礼智信"五德,就像《人文颂》中所歌颂的,是作为传统优秀文化的精髓而提出的。正像夏伟东讲的,中国传统道德里面最主要也是最重要的部分,实际上就是儒家的这一块。从人文的伦理的角度来讲,最核心的还是儒家。

第二,中华民族传统优秀文化中的儒家文化,积淀有许多的精华,是中华文化在伦理道德方面核心价值观的历史源泉。不可能割断这个源泉,这个文化就是在这个基础上生存起来的。所以我认为,儒家文化本身就是能够跨越地缘政治乃至国界,对人类精神文明以及未来文化发展产生持续和深远影响的优秀文化传统。在近代以来中西文化的冲突、碰撞、变异乃至新质文化的形成中,儒家文化也从未退出过历史舞台,甚至一直从道德自律、尚中贵和、知命用力、以天下为怀等精神层面,支撑着不同历史时期的社会变革。平心而论,如果没有这种优秀文化传统的支撑,中华民族精神的大厦能够不被侵蚀、瓦解,是难以想象的。即使在马克思主义中国化的过程中,儒家文化优秀传统也仍然是被汲取的传统文化中的精华成分。在当前,和谐社会的构建及其努力,必然要面对种种矛盾。当不同的理念、价值共同构成人类社会工业化进程中既对立、冲突,又共存、互化的两极之时,文化主体的人格精神,以及相应的、追求真善美的价值观和信仰的重塑,就成为影响和制约社会持续进步、公正,和谐共处的重要支点。

第三,中华传统文化中,就其文化形态的民族特色而言,礼乐文化可能是历史最悠久、最具文化特色、在历史发展中最具普适性、并且从古至今在不同时代形成多种文化载体和传承方式的优秀文化传统。当然,对于哪些是礼乐文化中值得继承、发扬的成分,哪些是糟粕,也是需要从认识上清理的。我首先是反对那些肤浅的、表面的也是复古的做法。礼乐文化的核心是什么？
《周礼·地官司徒》讲"以乐礼教和"、"教之和"。"和"是"乐
德"的重要内容之一。在孔子，给礼乐加上了"仁"这一核心内
容。无论是"和"还是"仁"，都是"以人为本"。我同意夏伟东
说的，要抓住有生命力的、可张扬的"以人为本"的人文精神。
礼乐文化是中国传统文化的源头，也是儒家文化的源头，不仅是
理论层面，并且更重要的是实践层面。周公制礼作乐，其主要贡
献是在实践层面，逐步形成一种文化传统。到了孔子，提出了
"仁"，赋予礼乐以新的人文精神。孔子说：人而不仁如礼何？
人而不仁如乐何？孔子讲的思想，他的关注，跟我们今天几乎是
一样的，如果礼乐仅仅是玉帛、钟鼓的话，那就达不到哪个深度，
就抓不住那个最核心的问题，所以孔子创造性地发展了礼乐，礼
乐最核心的内容是什么？就是仁者爱人，讲的就是以人为本。
从历史上看，礼乐文化的呈现形态和传承方式，并非是一成不
变、沿袭旧制，而是不断适应社会发展的。在古代农业文明的社
会政体和文化结构中，礼乐文化也仍然是代有发展。即使进入
工业文明时期，礼乐文化在现代文明中，其存在也并非那些表面
形态上复古样式的存在，而是作为人类独具特色的文化行为方
式的继续存在。礼乐文化的传承、变异，一方面是以艺术的方
式，将人的文化行为与礼仪活动、道德自律、处世规范等相结合，
一方面是在人的文化行为中注重人的情感交流、和谐共处，通过
"乐"的艺术行为，展示其社会文化观念，呈现其教育理想和人
文精神。这就是"礼乐之邦"诗乐传统的生命力所在。中国作
为礼乐之邦，诗乐精神，它的精神内涵的东西，这是一种文化的
传承，如果今天我们以这种方式来表现新时代的东西，又是跟儒
家文化有关系的，它的人文也就在于这种我们所理解的以人为

本、教之以和的这样一种文化形态。作为以音乐的方式表现新
时代所要倡导的儒家文化的交响乐《人文颂》,其艺术实践,正
属于礼乐文化的现代形态,从这个意义上讲,正可谓"礼乐人文
颂"。

第四,大型儒家文化交响乐《人文颂》,可以有不同的艺术
表现形式。其中可以有一部交响乐,作为一部具有宏大人文主
题的交响乐,可以满足更具张力的情感抒发以及精神的驰骋。
但是,即使加上有限的声乐唱段,其表现仍主要是器乐化的。这
对于儒家文化精神如"五德"的表现讲,是单纯的音响形式所承
载不了的。音乐的审美需要"心灵的附着"。由于儒家的人文
精神、特别是"五德"的内容在今天的大多数审美主体那里,仍
然是生疏的、甚至需要启蒙,很难在这部交响乐的审美中形成
"心灵的附着",或者说在主客体的统一中构成审美的理解与意
义,因此,如果构思一部包括音乐、诗歌、舞蹈乃至兼有戏剧性表
演情节、视觉艺术传达在内的、具多种综合艺术表演形式的《人
文颂》,因其结构庞大而难以驾驭,那么,也可以着眼于一个系
列的设计,通过不同的艺术表现形式来展示《人文颂》。就如同
设计一台音乐会,交响乐可以是其中最具情感张力和激情表现
的作品,但是也可以根据同一个台本,设计其他艺术表现形式的
作品,使《人文颂》的人文精神甚至具体的内容,得到较为充分
的呈现。通过听觉艺术、视觉艺术、言语艺术和形体艺术的共
构,由此形成一个系列中不同艺术作品之间的呼应、支持和相得
益彰。从总体上讲,其作品应是"乐"的复归与再创、新构。该
作品"以儒家思想精华'仁义礼智信'为主线",作相关内容的艺
术表达,同时以"盛世歌以颂"释义,是值得肯定的。与此相应,
序曲(天地人)、仁(爱人)、义(刚毅)、礼(和谐)、智(求道)、信

（思诚）、尾声（大道之歌）的结构方式和相应人文主题的立论、审美意象的创意和文学阐述，包括提供的历史故事，设计合理、表达充分，其抒发具内在的情感力量。这些都给音乐以及其他综合艺术形式的表现提供了丰富内容和较大的创作空间。

第五，现有的文学台本，字数较多。虽其中附有不少历史故事、典故，但其中作为唱词的部分，仍需精练。创作中会有磨合。除了"颂"的歌唱段落之外，其中有的段落或内容，可作为配乐诗朗诵的内容，穿插于作品之中；也有的内容，可以作为戏剧性的情景表演来呈现。我个人认为，如果能够在作品中生成一些系列性的，并且具有一定戏剧性的情节，并配有音乐的情景剧，效果将会很好。因为儒家很多的精神理念，它里面有很多历史故事，如果这种情景剧能够有一些系列的话，哪怕有 10 来个不到的也可以，像这样短小精悍的作品，如果进中小学，甚至到高校去的话，会成为他们在文艺活动中的很重要的内容。而且是有助于这方面的推广。当然，我从教育的角度，会关注这些东西。整部作品的情感基调，应是既有神圣、厚重的一面，又有情感的激励和抒发的另一面，但总体应是中正和雅、温柔敦厚。所谓"乐而不淫、哀而不伤。"创作中，如《乐记》中讲的"清明象天、广大象地"，此种审美意境应有所表现。近代音乐史上的有关创作，如江文也的《孔庙大晟乐章》，也有可借鉴之处。在音乐的表现上，既可以用琴（箫）等独奏乐器表达个人心志、境界；又可以用交响性的乐队来烘托儒家文化的博大宏通。现台本中第一乐章"仁"，对"歌咏：人之初、性本善。……（童声）"的设计，不仅有新意，并且能引起许多喜好诵读经典者的共鸣。在各章文学主题、审美意象的表达中，包括其中作为典故引用的各种故事，配合着音乐，完全可以很自然地加入舞蹈、戏剧的因素和表演形式。如"琴与剑",可以加入操琴之象、剑术之形的舞蹈;"书与简",可以有书法的舞蹈化表演乃至视觉传达,如此等等。其实这个台本已经可以引发出许多的创意。在舞台背景和具体场景的设计上,当然要有创意,但面对时尚之风时,仍需谨慎。总之,应充分利用综合艺术形式特别是音乐的情感表现力,表现《人文颂》中深刻而丰富的情感内容和博大、仁爱的胸怀。

第六,从文化重塑的另一种角度看,深圳的历史地位,是新时期改革开放的历史机遇赋予的,深圳的文化创新举动,无疑具有一定的代表性。身处改革开放浪潮前沿的深圳,在当代文化变迁和再建的过程中,能够在文化建设上有如此的策划和创意,令人赞叹。当我们站在中国乃至世界经济发展的前沿时,以实现中华民族的伟大复兴为目标,着眼于每一位文化主体人格精神的重塑,着手于自身的文化建设,以创新的艺术形式,提出并实施大型儒家文化交响乐《人文颂》的创作,作为儒家优秀传统人文精神的歌唱,本身就意味着具有一种新的时代意义的文化自觉,而且还具有当代文化建设的引领作用。我们期待着这部作品以全新的艺术表现形式走向全国、乃至走向世界。

(修海林:研究员、博士生导师、中国音乐
学院中国音乐史学研究中心主任)

大气磅礴，充满激情，
具有很强的文化创新性

李宗桂

很高兴有机会在这儿跟大家一道探讨大型儒家文化交响乐《人文颂》的创作问题。我觉得这个问题很重要。一个是我们今天的文化建设，该怎么走？弘扬中华文化，建设中华民族精神家园，怎样来弘扬，这个需要很好的探讨，还有历史感的问题，时代感的问题，世界眼光的问题，本土意识的问题，非常复杂。

首先说说我对《人文颂》的总体感受。

一是大气磅礴，充满激情，健康向上。看着很感动，很有激情，我自己也被调动起激情来。

二是具有明显的文化创新性。我们现在讲文化创新，有很多路子。我觉得，深圳这次创作《人文颂》，具有很强的文化创新性。一个在形式上有创新，运用交响乐的形式来表达对中国传统人文精神的讴歌和颂扬，我觉得这个是和过去不一样的。在我的印象中，到现在为止，改革开放 30 多年，文化热到现在 20 多年了，好像还没有用这样一种交响乐的形式来表达儒家文化的价值观，来讴歌中华人文精神的。我觉得从未来的影响来

116

讲,可能现在咱们搞的这个儒家文化交响乐《人文颂》,会超过以往许多通俗的作品,它的覆盖面更宽,流传性可能更强,更长久,特别是面对海外的时候,意义更加重大。同时《人文颂》也区别于各种丛书,专著,因为有的书是小众文化,没几个人看的,我们曾经说,一本专论,一部很好的很精深的论文,全中国有 30 个人看就很不错了,因为很多人和那个没关系。包括开头夏伟东谈到的《中国传统道德》,这部书影响很大,印数也很大,编撰这部书的时候,我也参与了一下,还在搞提纲的时候,我关于书名的意见被采纳了。最初的书名叫《中国传统美德》,后来我看了一下提纲,包括一些样本,基本就是文献资料,你很难把它说成全部都是传统美德,所以我就建议,把那个传统美德改一下,就叫传统道德,后来钱逊先生说,你把它写出来,你写成书面意见,我就写给了他。我讲这个意思就是说,这都涉及一些对传统文化、儒家文化的评判分析的问题。谈传统道德还是传统美德,我们讲中华文化还是别的什么,这个是有讲究的。《人文颂》在形式上有创新,在内容上有新的因素。这些年,包括在正面弘扬传统文化的优秀成分的时候,也谈到"五常",仁义礼智信,但是,多数时候是谈"仁"的比较多,谈"义"的比较多,谈"信"的比较多,谈"礼"的不多,而且这几年有些谈"礼"的,刚好是一些复古主义者,或者儒教原教旨主义者,这个就很麻烦。所以我想,我们在整体的把握上,《人文颂》它把这个整体,五常,作为传统文化的重要成分、核心价值来做,我觉得在因素,内容上,有新的因素。另外我觉得在观点上有新的创造。它是正面地肯定了儒家文化中的仁义礼智信五种伦理纲常,它的积极性,它的价值,它的历史价值和今天的时代意义,这个和过去的讲法是不一样的。

三是《人文颂》文学脚本确实能够弘扬中华文化,阐发了人

117

文精神,能够促进我们文化的大发展,大繁荣。

四是这样一个交响乐,这样一个脚本,包括它未来成果,我的感觉是,它有利于提升我们国家的文化软实力。

其次关于交响乐《人文颂》创作的主题,我有这样几个感想。

一是我觉得这个题目很好,叫《人文颂》,不是儒家颂,也不是传统文化颂,我们从人文精神弘扬方面,从人文精神重建的方面,从人文精神拓展的方面来谈我们民族的优秀文化,我觉得是很好的。

二是歌颂传统文化的人文精神,我觉得应当肯定。

三是以儒家思想文化的"五常"仁义礼智信为主线,觉得是具有积极意义的,这是关于主题。

最后,《人文颂》的指导思想和价值取向是正确的。关于指导思想,第一个我觉得《人文颂》是以党的十七大报告为指导的,着眼于中华文化的弘扬和中华民族精神家园的建设,因此,符合当代中国文化建设的方向,也是反映了时代精神,第二个我觉得它是以传承发展,并且创新中华传统的人文精神,推动中华文化走向世界,实现中华民族伟大复兴为取向,因而具有重要的思想文化价值,我觉得这是需要充分肯定的,当然,文本创作者韩博士的才气,这就不用说的了,能够让我们放弃别的事情,专门跑到深圳来耗这么两天,而且花时间看,那一定要很了不起,我不谦虚地说,不然,我们大家都很忙,我们还有很多事情的嘛。我非常钦佩京生部长的创意,非常肯定韩博士的努力,二者的结合非常完美。

(李宗桂:中山大学哲学系教授,博士生导师,

中山大学文化研究所所长,中华孔子学会理

事,广东儒学研究会会长)

传统文化的深刻理解和准确把握

关健英

　　刚才几位领导和专家,从文化战略这样一个高屋建瓴的角度谈了这部作品,作为一个中国传统伦理文化的学人,我非常高兴读到这个磅礴大气的作品。本人虽不懂音乐,但凭借一种对音乐的质朴理解,我认同韩望喜博士在作品当中写的一段话,好的音乐不仅仅是用耳朵去聆听的,更是用心灵去感悟和接近的。音乐应该并非仅仅是形式之美,并非仅仅是技术主义,而且还是对其中的人文蕴含的心灵感悟和接近。大型儒家文化交响乐《人文颂》的文学台本是将传统文化与现代音乐形式的完美结合,确为开风气之先。在此方面,深圳总可以给我们以惊喜,不仅是全国的经济先锋和风向标,也是文化的先锋和风向标。《人文颂》的文学台本有几个非常鲜明的特点:
　　一是扑面而来的浓郁的人文气息。将中国传统文化主干的儒家文化名之以《人文颂》,理解的非常准确和到位,是对中国传统伦理文化乃至整个传统文化特质的准确把握。《周易·贲·彖》云:"刚柔交错,天文也;文明以止,人文也。观乎天文,以察时变;观乎人文,以化成天下。"在中国传统伦理文化中,所谓"人文",即是指"以文明之道（伦理道德）来教化天下"之谓。该部作品人文的主线贯穿其中，整个篇章中贯穿着对人的生命的礼赞，对人的价值的讴歌，对人际和谐、人与自然和谐的赞颂，如"序曲"中：

听，大地在歌唱，以你喜悦的心倾听！

天地之大德曰生。

鸢飞鱼跃，万物并育。

生命生生不息！大地无限生机！

呼吸天地的灵气，领悟生生之谓易。

我真的非常佩服作者的文笔所充盈的这种人文的气息、所洋溢的才气。整个文本中贯穿的扑面而来的人文气息是非常浓郁的，对整个传统文化的特质的把握非常准确。《孝经》引述孔子的话说："天地之性人为贵"，荀子说：水火有气而无生，草木有生而无知，禽兽有知而无义，只有人，"人有气、有生、有知、亦且有义，故最为天下贵也"（王制），这些论述表达的一个共同的意思是人"为万物之灵"（宋·邵雍），集天地之精华，五行之秀气，宇宙当中最有尊严、最有灵性、最优雅的一种存在，既然人这个存在有如此之高的地位和价值，那么他的生命就应该被尊重；既然人这个存在有如此之高的地位和价值，那么他与周围的人所结成的社会网络、社会关系就应该被纳入到社会的制度安排、规范规则、社会教化设计的考虑当中。所以，在这样的一个思路之下，中国传统的文化，中国传统的哲学，是人学，以人为本之学。这一点，我觉得是我读这个作品的一个首要的感受，在作品当中体现得非常之充分。这是我想说的第一个读后感。

二是作品中对仁义礼智信的义理阐释和把握较为准确。建设中华民族共有精神家园，构建社会主义核心价值体系，传统文化具有非常丰厚的资源可供我们挖掘借鉴。中国人有中国人的核心价值观，是从我们几千年的文化母体中孕育出来的。西方人有西方人的一套道德准则，价值依据在上帝那里，如美国人威廉·贝内特的《美德书》归纳为 9 个规范：同情，责任，友谊，工作，勇气，毅力，诚实，忠诚，自律。那么中国传统的核心价值观是什么？历史上有"三纲"、"五常"、"五伦"、"四德"、"三达德"、"四维"、"四维八德"等等。有一些有明显的阶级性和时代性的局限，如"三纲"；而有一些，则具有普世的资源意义，或者说，经过创造性的转化和扬弃，具有可资借鉴的恒久价值。比如说作品中的"仁义礼智信"五常之德，是中国人的美德，是中国式的美德。张岱年先生说过，仁义礼智信都有其阶级意义，然而也还有更根本的普遍意义。他说，"仁"的根本意义是承认别人与自己是同类，在通常的情况下对别人应有同情心；"义"的根本意义是尊重公共利益，不侵犯别人利益；"礼"的根本意义是人与人的相互交往应遵守一定的规矩；"智"的根本意义是肯定"是非善恶"的区别；"信"的根本意义是对别人应遵守诺言。该部作品对仁义礼智信的内涵把握基本是准确的。

三是该部作品蕴含的厚重的中国传统文化意味。作品创意非常好，以五种常行之德作为五个乐章，每一德都有自己的主题，内涵，音乐形象，将仁义礼智信用音乐的形式表现出来，很有中国文化的味道。我们都说，建设中华民族共有的精神家园，构建社会主义核心价值体系。传统文化这一块，应该说具有非常丰厚的资源可供我们挖掘借鉴，我们中国人，应该有中国人的传统价值，中国人的核心价值观，它应该是从我们几千年的文化母体当中孕育出来的，像西方人，刚才几位领导专家谈到，西方人的一套道德准则，它价值的依据最终是在上帝那里，我们中国人的核心价值观念,核心的价值观是什么?像历史上所说的三纲,五常,四德,五伦,三达德,四维八德,三纲六纪等等这样一些表述,它都是一个非常丰厚的资源库,其中有一些东西呢,有一些明显的阶级性和时代性的局限,属于糟粕性的东西,比如刚才夏总讲的,三纲是应该被摒弃的,而有一些则具有普世的资源意义,或者说经过我们对它的意义的阐释、时代的扬弃之后,具有可借鉴的恒久价值,像这部作品当中,仁义礼智信,五常之德,那它就应该是中国人的美德,是中国式的美德,是中国味道的美德。在这部作品当中,仁义礼智信五种常行之德,作为五个乐章,每一个篇章都有自己的主题,内涵,音乐形象,把它表现出来,那么其中呢,我注意到对于义理的挖掘,哲学的解析和阐释,应该说是理解得非常准确和到位的,在义理上,刚才夏总说的,完全没有问题,其中对于哲学依据的阐释,本身就已经对于仁义礼智信,五常之德的内涵做了一个很好的扬弃,因为我们都知道,仁义礼智信它具有明显的时代性,它是一个时代精神的提炼,所以,它内容既丰厚又庞杂,所以怎么去界定它,我觉得通过读这个文本,我发现,这个把握得还是非常准确的,与张岱年先生,对于五常之内涵的理解,基本特质的把握,是一致的,所以说,用这样一种音乐的形式把它表现出来,非常好,像对于仁的阐释,我们读儒家经典的时候,子曰,仁者爱仁,孟子说,恻隐之心,人皆有之,是这样一种基本的文字的表述,而在这个作品当中,它是一种诗一般的语言,把它表述出来,

仁者爱人,

人皆有不忍之心。

不忍之心,

为天地大道,人性之源。

　　　　我们在母亲慈祥的眼神中看到了它，

　　　　那种慈悲，那种宽容，那种怜悯。

　　这样的表达既加深了现代人对经典的理解，同时又使得中国传统文化的意味很浓厚，很准确，很唯美。我真的是被这诗一般的语言折服了，而它对传统的儒家经典文本的这样一种阐释、表述，把握得非常的好。

　　四是将传统文化与现代的音乐形式结合的尝试。确为开风气之先。古人认为，音乐能起到化导人情、体察人志、表现人德、增进秩序的作用，所谓"乐者，通伦理者也"好的音乐能疏导人心，成就政治，这样的音乐是五声和谐的。人们听了这样的雅乐，就能平其心，和其德，成政业。好的音乐"乐而不淫，哀而不伤"，陶冶情操，磨练心志；而五音失和的淫声则会动摇人的心志，使听者失去平和中正之气，做出犯上越轨的举动。孔子也非常喜欢音乐，具有非常高的音乐鉴赏力，本身就是一个音乐家，"诗三百皆弦歌之"（《史记·孔子世家》）。孔子在齐闻韶乐，三月而不知肉味，并非仅仅欣赏音乐的形式之美，更重要的是沉醉于其丰厚的道德内蕴。孔子曾多次谈到音乐与德行的关系，他认为武乐只是音乐形式的完美，但缺乏天子的道德气象，而舜乐则"尽美矣，又尽善矣"；他从子路鼓瑟的乐声中，听到了里面的杀伐之气，认为子路之德性未得中道，勇有余而仁不足，距离自己的教化主旨尚有差距，"由也升堂矣，未入于室也"。《礼记·乐记》认为，礼、乐、刑、政四者虽然不同，"礼以道其志，乐以和其声，政以一其行，刑以防其奸"，但"礼、乐、刑、政，其极一也，所以同民心而出治道也"，都是为了达到民同其心的"治道"。因此，汉代的董仲舒从治道的高度肯定其作用，认为，"乐者，所以变民风，化民俗也。其变民也易，其化人也著"，该部作品以交响乐的形式将儒家文化咏唱出来,用音乐的语言表现出来,既是传统文化以现代音乐形式的表达,也回归了传统文化原初的表现形式。

刚才几位专家,修教授,夏总也谈到了,一些细节的把握上,尚有再可打磨雕琢之处,但总体上,这个构架,气象,视野,内韵,品位,唯美,我觉得已经做得非常之到位,非常好。所以,我也很期待,作为一个中国传统伦理文化的学人,我非常期待我们这部作品能很快地面世,给国人,给时代,给世界一部传世的作品,一部经得起时代的考量和时间考验的这样一部人文的作品。

（关健英:黑龙江大学哲学学院教授,
博士生导师,中国伦理学会理事）

《人文颂》:郁郁乎文哉

尹昌龙

首先代表深圳市文体旅游局感谢各位专家对深圳文化事业和《人文颂》创作的关心和支持。今天上午各位专家的发言很精彩,我受益匪浅,下面我谈几点意见。

一、《人文颂》文学台本以人文为线,将中华文明进行演绎与阐发,特别是将儒家文化以人为本,而人又以仁义礼智信为本的理念贯穿其间,具有极大的启发意义。尤其是将对儒家文化的理解与对生命的尊严、关怀、激励等相联系,更是体现了积极与昂扬的力量。文学台本在文字方面体现出较强的张力,感情也饱满充沛,特别是通过引经论典,有郁郁乎文哉之感,本身就有较高的人文内涵。同时,本子在表达方面有意为音乐创作开启想象,乐感性较强,有类似于赞美诗合唱的安详与神圣,易于据此作进一步开掘。

二、文学台本充满着对传统儒家文化,特别是对孔孟学说的崇敬之情,但是儒家文化以孔孟伊始到今天,特别是经历宋明时期、民国以来,诸多名家大儒的研习与推练,其本身也在流动变化之中,建议还可加大对先秦之后的儒家学说的关注,使本子能获得更丰富、更全面的思想资源支持,也使《人文颂》的人文内涵更加圆润饱满。

三、文学台本对儒家文化作诸多褒扬,确实对儒家文化积极的内涵作了提升。但是,儒家文化也有其消极因素,有些甚至成了禁锢生命的东西,要对这种从生命出发,有时却走向其反面的吊诡现象有所警觉,毕竟这其中有千年沉疴需要清理。更值得关注的是,从上上世纪末以降,国势积弱而屡遭西方列强欺凌,客观上存在着对传统文化特别是儒家文化的不信任、不认同,可以说有一种创伤记忆积蕴其间,这种状况到了当代中国再度崛起之时才有所改变。因此,已如京生部长在讲话中所强调的,不要过于沉湎传统的权贵式的繁文缛节,不要过于讲"礼",讲排场,讲仪式,而应着眼于生命本身的气象与气度,不要因过于将儒家文化神话化而触动创伤记忆或引起反感。

四、中国传统讲文史哲一家,儒家文化既是哲学,也是由历史故事与文学精华融汇而成,尤其是中国传统诗词歌赋中有大量的人文精品,如果能将这些体现儒家文化精髓的名家名句引用到文学台本中来,对增加其人文魅力会有积极的影响,也能起到脍炙人口、怡养心神的作用。

(尹昌龙:深圳市文体旅游局副局长,文学博士)

大立意　大举措　大手笔

景海峰

收到这个邀请有点意外,因为原来想象中的深圳不可能有这样的大手笔,后来看了《人文颂》的文学脚本,又听了上午的发言,我产生了一种非常强烈的感觉:能够在这样一种文化环境里面,不只是敢为天下先的问题,而是有这样远瞻性的立意,有这种大的胸襟和举措,确实远远出乎我的意料。这点对于我来讲,是一个震动,同时也是一种激励。我觉得,从这个活动来讲,它的意义就不只是一个文学作品、或者再把它转换成交响乐作品的问题了,它背后所蕴含的理念,所传达的一个时代的声音,对于提升深圳的文化形象,或者改变深圳的文化状态,也包括外面的人如何来看待深圳,都有很大的价值和意义。上午听了大家的发言,非常有启发,我想讲这么三点。

第一还是从立意方面来讲。立意当然就是从今天中国文化的境遇和文化建设来讲,这个可以说是大手笔了。我跟韩博士认识有十年以上了,原来没想到他还有这样的写作才能,看到本子以后,我觉得从整体上来讲,达到了一个相当高的水平,除了文采,主要是它所表达的思想。因为看了之后,首先的感觉就是能够产生对中国文化的敬意,我想不管是行内的还是行外的,可能都会有一种油然而生的感觉,就是中国文化琳琅满目、美不胜收,中华民族的精神财富太多了、太美了,这种感觉非常强烈。

　　除了这个意思之外,我还想到一个问题,为什么我们今天会创作这样一个作品?这可能跟中国文化所面临的境遇有很大的关系。这个境遇实际上就是一种忧患意识,尽管我们是做正面的、颂歌式的表达,但是激发出这种想法来,实际上是对目前中国文化状态的忧思。为什么这么说呢?因为近代以来中国文化的境遇,在很大程度上,基本上是一个主体性丧失的过程,也就是说,基本上是跟着西方的一些价值理念在走,而中国文化传统自身的核心理念,它跟现代社会、现代生活的关系,是越来越疏离了。近些年来,随着我国国力的增强,尤其是经济上强势的出现,文化上捉襟见肘的感受就越发的强烈了。上午的很多发言也都提到这一点。那么实际上,这是我们目前文化整体上的一个状态,要想进一步走向世界,除了经济这种硬实力之外,文化软实力就更显重要,尤其是文化力量的表现,对我们的挑战和刺激越来越强烈,也越来越急迫。我们现在真切的感觉就是,你拿不出自家的东西来,我们目前所能表现出来的,基本上还是在西方话语的笼罩之下,也就是没有自我的形象。这个自我形象,除了表达形式之外,它实际上还是一些核心的价值理念。这些核心理念,首先就是要确定自我价值,重新来寻找、重新来诠释、重新来展现,这在文化建设中确实是居于中心地位的。所以,从宏观的大视野来看这样一种活动,我觉得才能抓住它的意义。

　　第二点想从这个主题来讲。因为我是研究儒家思想的,所以我有一种惊喜感,假如说今天到了可以把仁义礼智信作为中国文化的一个正面价值,甚至是人之所以为人的立人之本这样

128

一种核心价值来加以阐释、加以颂扬,这就是时代在发展、在转变的一种标志。因为从近代以来,儒家思想中的一些核心理念是不断受到批判的,而且像"五常"这些东西,它是处在火力的交叉点上,很多对中国文化的质疑和责难,都是集中在这些问题上面。那么现在能够重新提出这种价值理念,而且理直气壮地从正面来加以阐扬,这确实是标志着我们时代的前进,是经过这一百多年以后中国文化重新崛起的一个表征。

　　我是这么来理解的,中国文化当然是多元的,尤其在现代观念之下,它不是狭窄的,只从儒家着眼;但儒家文化确实是中国文化的主干,这一点在学术界应该是一个比较主流的看法。当然也有一些其他的说法,但儒家文化作为中国文化的典型或源远流长的思想文化的凝聚体,它的主导性是毋庸置疑的。所以我们今天把儒家文化作为当代中国文化向前推进与发展的一个重要资源来发掘,就是一项非常有意义的工作。在对儒家文化的看法上,我们要抓住一个什么样的脉络,以什么东西作为它的核心?我觉得《人文颂》这个本子,或者说这个策划创意,在主题这一点上应该是能立得住脚的。儒学如果从孔孟开始,或者更早,追溯到周代礼乐文化,那么到今天就是几千年的历史,其间变化非常复杂,人物众多,观念也比较复杂,但是我们看整个儒学发展的历史,它是有它的一些核心价值理念的,那是以不变应万变的东西。这种东西不管哪个时代,它对于整个儒家文化都是一个基础性的、基石性的东西,它是不能动摇的,这其中,五常的问题当属其列。

　　"五常"在先秦时代实际上是两条线索。最早是从人伦关系着眼,社会结构的基础就是人伦关系,孟子较完整地讲了五伦,在这之前孔子只讲君君臣臣、父父子子,对人伦关系的思考和概括一直延续到汉代。在这个漫长的过程中,人们一直在探讨,人伦关系怎么去归结,比如说《管子》里面讲"十义",《白虎通》讲"三纲六纪",这等于是九种关系,但最后讲来讲去,五伦观念的影响是比较大的,后来就定型下来。那么这个五伦关系,实际上就是对社会结构的一种表述,就是将人与人之间、人与群体之间、人与社会之间的关系进行了归纳与总结。这条线索,构成了人们对社会认识和叙述的基础,因而在儒家文化里面,它是非常重要的源头。另外一条线索就是对人性的探讨。实际上这个跟人伦关系的理解又是联系在一起的,就是说人的本质是什么? 除了从人伦关系去解释之外,到底什么是人性之中最根本的,什么是人之所以为人的最重要的东西? 到了孟子提出性善的观念,就是"四善端":恻隐、羞恶、恭敬和是非,这四种要素,他用仁义礼智来一一对应。仁义礼智这些抽象的观念,实际上是跟人的善端、跟人的本质要素连接在一起了,这条线索就和五伦关系有了一个很好的匹配。

这两条线索,经过汉代儒生的改造和重建之后,它实际上就糅合成了一个东西,人伦关系的基础是血亲的,或者说是以血亲为基础的社会性的不断扩大,而仁义礼智信这些抽象性的道德品节,则是一种概括性更强、超越了某种具体性的东西,它更有绝对性和权威性。这两样东西,当然有一个拼合的过程,而且中间确实也有一些问题,在儒学发展史上留下很多疑点,包括三纲和五常的异同,这两者的关系,在儒学的历史上一直是一个问题。贺麟先生在20世纪40年代写过一篇文章,题为"五伦观念的新检讨",他是学西方哲学出身的,对西方的思想观念有很深的了解,他用西方的哲理来分析中国传统的伦理观念,做意义和价值的分析,很有见地。他讲了这么一个意思,就是五伦属血亲的,每个人的血亲关系都有其规定性,对社会来讲,每个成员都有某种具体性;而五常则把五伦关系理念化了,因为仁义礼智信这样一些东西,它实际上是高度抽象化和凝固化的结果,是作为绝对理念而存在的。贺先生认为,这个绝对理念的建立,对于整个中国传统社会基础的稳固,对于儒家伦理形而上哲学的建立,起了非常重要的作用,如果没有这一步的话,那么就会始终局限在一种具体的范围里面,它就没有一种绝对性。这种绝对性对中国文化而言是非常重要的,前面大家也都提到,中国没有宗教、没有上帝这样的权威,但是如果你没有这种绝对性的话,那个人的行为依据就丧失掉了,为所欲为,百无禁忌,他可以自做主宰,没有任何的制约性或敬畏感。所以五常这些东西,它后来实际上是扮演了中国式上帝的角色,它具有某种权威性,而且是一种绝对的存在,就是你不能够质疑,人的社会性、人的具体行为要通过五常来获得它的合法性,所以这一套东西是整个中国文化的基础,也是儒家伦理的根本,是非常重要的。

这两条线索到了汉代以后,就慢慢地沉淀在中国文化最核心的价值理念里面,成为天经地义的东西,甚至成了一个绝对的必须要遵守的教条,没有什么商量和讨论的余地。正因为它是一个不可以讨论的东西,所以后来"五四"时代才要花那么大的力气来颠覆它,大力批判三纲五常,甚至产生了一些很激烈的说法,这就是要从根本上来破这个局,不然的话,传统根本就动不了。"五四"的问题我们今天不说,我们还是从中国传统文化的意义来讲,仁义礼智信五常的问题抓得很准,它确实是中国文化和儒家思想的内核,这是没有任何问题的。

五常之德在历史上扮演了非常重要的角色,在今天也比较容易获得人们的认可,把它稍微现代转化一下,都可以接受下来,作为正面的东西来处理。但我要强调的是,它跟三纲的关系,因为在历史上,实际上在汉代以后,三纲和五常是扭结在一起的,是一个整体性的东西。记得十多年前,王元化先生也提到过这个话题,他说当年陈寅恪给王国维写的挽词中,曾提到《白虎通》的三纲六纪问题,说那是中国文化的核心理念,是一个根本的东西,王元化先生后来讲,他想来想去,这个三纲还是不能要,所以在当时学术界就有这方面的讨论。一直到今天,大概就是所谓三纲一个都不能留,五常一个都不能丢,这基本上还是一个共识。另外,我们今天对五常的认识,也要注意到有一些西方化的情况,或者是经过了现代观念洗礼的问题。《人文颂》本子里面的一些引语,包括一些基本概念的把握是准确的,没有脱离儒家仁义礼智信五常的本意,这一点是可以肯定的。但仔细琢磨里面的一些解释,还是能看到它实际上受到了现代观念的一些引导。比如说"义"这个概念,本子里比较多的是从勇这个角度来解释,用了很多故事,都是从"勇",或者从"志"来说。很多的当代叙述,义好像就是正义,义是不是就是正义? 西方正义的观念有它自身的演变过程,那个所谓正义的观念,实际上跟中国仁义礼智信这个观念不是一个背景。在明末清初的时候,耶稣会士当时翻译中国儒家经典的时候,就有类似的问题,莱布尼兹解五常,也是用"正义"来解释"义",后来有文章纠正过这个问题。到今天,在西方政治哲学中,"正义"是个非常核心的概念,但它显然跟儒家讲的那个"义",背景上有很大的差别。所以说义和勇、志这些观念,还需要再琢磨、再考量。一方面我们要把现代的一些理解、现代诠释的要素能够融合在这个观念的阐释里边;另一方面也要有文化的自觉,注意到这两个东西的差别。像这样一些问题,在观念的把握上,还可以再得到加强。

第三点是从表现方式上来讲。在今天的社会里,音乐的文化穿透性确实是非常强的,它有一种跨民族、跨文明的传播优势,有其他的文化形式、特别是语言文字所不能替代的作用,它可以跨越各种障碍,很快让人感受到一些东西,所以用音乐来传递儒家的信息,这确实是一个非常好的构思。在相当长的一段时间里,儒家没人提,几代人都可能不知道儒家,小孩子更是没有听说过。我记得最早就是有一首台湾歌曲,里面唱到传统儒家的思想指引我们之类的话,好多人可能就是从这个歌词里,才熟悉儒家概念的。后来当然我们也创作了一些歌曲,对儒家或者孔子的思想、人格进行歌颂,但那仅限于只言片语的方式,想要把儒家思想的宏大性展现出来,那是力所不及的。所以今天用交响诗或者交响乐这种方式,用宏大乐章诗篇的形式,把更为深刻的东西较全面地展示出来,这是一个非常好的想法,所以从形式来讲,我觉得这是一个很好的尝试。

但是,这个创作最后所呈现出来的音乐形式,到底是个什么样子,我们现在还想象不到,因为这个文学脚本要转化成一个音乐作品,最后通过音画形式展现出来,这中间还是一个非常艰苦的过程,所以最后的担子、也是更关键的任务是落在了音乐家的身上。尽管文学的处理已经很成功,有了很好的基础,但有很多想法,包括我们上午讨论的一些话题,它实际上都还是局限在文学层面上的要求,或者是一些观念的理解,但音乐最后怎么能够把它呈现出来,这大概才是我们这个工程、或这个活动成败的关键。所以我想到就是,那些中国传统音乐要素的挖掘和调动就非常重要,可能还要做一些细致的工作,因为有些音符在当代人的心灵当中已经有一些图像式的记忆、有一些自然的联想,他一听到那个音符,就有了对某个观念的想象。这方面的资料,可能就需要挖掘民间的素材,也包括观察现代流行的活着的格调,这跟重文本的方式就很不一样,这方面的准备,能不能再多做一点工作,给最后成形的音乐作品再提供更多的中国性的素材和原料,如果这方面能再下点功夫,那可能对音乐家的创作会有所帮助,而且是一个比较直接的帮助。

（景海峰:深圳大学文学院院长、国学研究所所长,教授）

中华文化复兴呼唤华夏正声

侯 军

《人文颂》历经三年策划论证和创作修改,终于拿出了一个完备的文本,可喜可贺!

听了专家学者,特别听了王部长的阐释之后,应该说对作品的来龙去脉,不论是从政治层面、社会层面还是文化层面的重大意义,都有了一个更深入、更全面的了解。这个作品从产生到现在形成一个文本,这个过程挺漫长的,有三年多的时间,我个人也很荣幸,从京生部长提出这个创意之后,我就有幸参与到其中,当时要求我们报业集团也拿出一个文本,我们按时交稿了,今年又希望我们对原有的文本再补充完善,我们也是按时交卷。我们深知这只是一些基础性工作,我们就是想给真正的执笔者,不管是作曲家也好,还是像韩望喜博士这样的学者也好,提供一些素材和资料。因此,我们这个文本基本上就是把儒家经典中有关"仁义礼智信"的论述,进行分门别类的梳理。这个工作既是一个思考和创作的过程,更是一个极好的学习过程。我们做这件事情,是很自觉很自愿地来参与这件事,因为它确实有一种文化的感召力,三年来,这么多人心甘情愿地投身于这件事情,我觉得恰恰体现出中华文化的这种内在感召力。在中国文化面前，我们所有人，尤其是所谓文化人、读书人，都会产生一种"中国文化拜物教"。这是我们中国人对自己的文化传统的一种尊崇，也可以说是一种类似于宗教的崇拜吧！

刚才听了各位老师的发言，都非常有创意，有独到的见解。特别是听到景海峰教授谈到对于儒家文化的见解和分析，我觉得很受启发。我不是研究儒家文化的，我是做传媒的，不能像各位专家讲得那么专业，但是做传媒也有一个好处，就是看什么事情都是把它当成一种文化现象，一种社会现象，乃至一种政治现象。他是一个观察者，做的是观察和分析的工作。我从昨天开始，又将《人文颂》的文学脚本认真地重读一遍。读完之后，我就想，在这个座谈会上谈点什么意见呢？今天座谈会的开会通知上，明确提出要站在时代精神的高度，从对中华文化传统及人文精神进行继承、发展和创新的角度来探讨《人文颂》的核心理念和重要意义，这就不能拘泥于一般的技术性层面泛泛而谈了，必须以更加广阔的文化视野和历史纵深感，来审视中华文化在百年风雨之中的跌宕起伏，由此，来深刻认识深圳率先策划推出以儒家文化为核心的大型交响乐的时代意义和文化意义。我觉得，这不仅是非常必要的，而且具有相当的前瞻性和开拓性。因此，我就想从另外一个角度，来阐释一下《人文颂》这部作品，何以在此时产生？其意义何在？何以在此地产生？其意义在哪里？换言之，就是想探讨一下这部作品在"此时此地"产生的意义在哪里。

第一点，我先谈谈《人文颂》在"此时"的意义。我以为，《人文颂》的推出是对中华文化百年沉浮的一次正本清源。我们从文化发展史的角度来回眸一下，中国文化或者说以儒家文化为核心的中国传统文化,在中国现代化进程中,曾有过几次大的跌宕起伏。前面的几位学者都谈到了五四运动,实际上我的视野还要再往前追溯一下,我想回顾一下中国人如何以自己的文化形象自立于世界的问题。当中国文化面临着外来文化挑战的时候,中国的文化人有没有一种文化的自信?或者说以何种姿态和行动,来对待自己的文化乃至来守护自己的文化,这实际上反映了中国文化如何与世界文化对话这样一个大的历史进程。

我们都知道,太平天国实际上是以西方的基督教文明作为它的旗帜而搞起来的一场农民运动。我们且不去评价这个运动本身的是非成败,但是它的文化背景是很清晰的。而当时就站出来一个大文化人,就是曾国藩。照理说,曾国藩是一个汉族人,从满汉对立的角度说,清王朝是一个外族的王朝,他如果站在民族立场上,应该是反对清王朝而站在农民起义这边的。可是事实却恰恰相反,他非常自觉地站到清王朝统治者那一边去了。这是为什么?过去我们习惯于以简单的阶级分析来代替文化思考,今天不妨换一个视角,那就会发现他的这种选择,除了阶级立场之外,还有更深刻的文化意义。他是完全站在一个卫道者的立场来维护所谓正宗的"道统"。在他看来,当时代表这种文化道统的是清王朝,太平天国恰恰是要用外来的文化来动摇这种延续两千年的道统。这使曾国藩们感到了一种危险。我们从文本的研究中不难发现这种危机感。他在动员湘军起兵的时候,写了一篇很重要的文章,叫《讨粤匪檄》,这篇文章当中有一段话非常重要,他讲到为什么要起兵,他说:"举中国数千年礼义人伦、诗书典则,一旦扫地荡尽,此岂独我大清之变,乃开辟以来名教之奇变,我孔子、孟子之所痛哭于九原,凡读书识字者,又乌可袖手安坐,不思一为之所也"。这意思就是说,这次起来捍卫的不光是满清政权,更是捍卫"中国数千年礼义人伦、诗书典则,"也就是孔孟建立起来的儒家道统。当这种儒家的文明秩序遇到危险的时候,天下的读书人都应该"赫然奋怒,以卫吾道"。在他看来,没有中华文化就没有中国,"卫道"比改朝换代更重要,他是以卫道的心态和姿态,来投身于一场对以外来文化为标榜力量的战争。所以他起兵的一个核心思想体现着一种文化选择。对于当时的读书人来说,这种选择被认为是天经地义的,"以卫吾道"嘛!

可是短短几十年之后,这种原本"天经地义"的文化选择,到了五四时期,几乎来了个 180 度大转弯,卫道的观念成为封建的、迂腐的、不合时宜的观念。中国第一流的知识分子几乎是不约而同地站在了儒家文化传统的对立面,"打到孔家店"也成了众人的共识。在这里,我们并不是要否定五四新文化运动所带来的进步意义和深远影响,我只是想提示一下当时中国文化人对儒家文化的态度转变。这个变化真是千古未有。这个时候的知识分子,对自己的文化已经不像当年曾国藩们那么有自信了。当年曾国藩对自己的文化是充满自信的,他坚信我们的道统是好东西,我就是要捍卫它。可是五四时期的知识分子认为,我如果捍卫这个道统就可能会误国,会耽误国家现代化,耽误富国强兵的大业。这个文化立场的转变是非常深刻也是非常严峻的。从这时候开始,我们对儒家文化基本上是一路批判、一路清算、一路摒弃,近百年间基本上没有停止过,从我们的经历来说,直到 20 世纪 70 年代,还在批林批孔、评法批儒。即便到了改革开放之后,我们回顾一下,在 80 年代中期,又出来了一个西方文化热,引进了大量西方文化新潮观念,许多青年文化人以更加激进的态度来贬斥儒家文化乃至整个中华传统文化。由此可见,在过去的近百年中,我们对儒家文化其实并不恭敬!

我们回顾这么多年的历史,实际上只是为了说明:为什么要到"此时",我们会再来一次文化选择上的 180 度大转弯?我们重新要认识中华传统文化当中优秀的东西,我们要从中国思想宝库当中,重新去翻检去寻找进而重新恢复建立自己的精神家园。我觉得这实际上是整个中华民族对自己文化自信心的重建。经过了百年来的否定之否定,我们要重新肯定它的固有价值。我们经历了一百年的探索和发展,经历了各种各样的磨难,正面的、反面的、痛苦的都经历过之后,回过头来重新审视我们所走过的路。

因此,我认为在此时此刻,在经济上取得了重大成就——现在中国已经成为世界上第三大经济体——我们又站在了一个重要的历史关头,我们需要在掌握经济话语权的同时,重建自己的文化话语权。我们终于有了一次重新捡拾自己文化宝藏的机会,这个机会千载难逢,或者说是最后的机会了,因为我们面前的传统文化园林已经是满目疮痍,近乎荒凉了,确实就像《人文颂》里面一句话所讲的,叫"仁义礼智信,命悬一丝"。我不知道大家有没有注意到韩博士的这句话,这句话说出来分量是很重的,他说:"仁义礼智信,命悬一丝",说得多么痛切! 但这确实是个事实。1997 年香港回归的前夕,我和香港中文大学的著名社会学家金耀基教授就中华文化的前途命运问题进行过一次很深入的对话。当时金先生说了一句非常震撼人心的话,他说:"二十年代,中国人看不起中华文化;到了九十年代,中国人已经看不见中华文化了"! 这不是危言耸听,而是对当时现实的精辟概括。经过我们这些年的扫荡、批判、隔绝,我们对孩子的传统文化教育几乎断绝了,到了 90 年代,环顾四周,中国文化在哪里？一片白茫茫大地真干净。在这种情况下，必须看到中华文化的危机。重建中华文化的精神大厦，重新确立中华文化的人文价值，重新构建中华民族的核心价值观，拂去百年岁月的烟尘，让中华文化重现其灿烂光辉，是我们这一代中国文化人的历史使命，也是当今中华民族经济腾飞之后对文化身份重新确认的时代要求。而作为中华文化核心的儒家文化，因其百年蒙尘，更需要正本清源，去芜存菁，当此之际，深圳推出这样一部大型儒家文化交响乐《人文颂》，且专门撰写出详细解说儒家文化精髓的这样一个文本，它对未来的昭示作用，即前瞻性是很强的。因此我觉得，这个作品在此时产生，可以说是应时而生，应运而生。我们可以设想一下，早上十年二十年它出得来吗？恐怕出不来，那时候，我们的国力还不够强大，中国人也还没有今天这样的文化自信；再晚些行不行？再晚了也不行，现在已经是"命悬一丝"了，再晚就连那一丝都断了。所以，我觉得这个作品在此时此刻诞生，确实是生逢其时，恰恰顺应了整个中华民族振兴的一种需要，这是一种大需要，用国家文化主权的概念来描述，是从政治学的概念来说的，如果从文化学的角度说，就是整个中华民族需要一个精神家园，包括全世界的炎黄子孙都需要一个共同的精神家园，而拥有这种巨大凝聚力的核心价值观，就是儒家文化。这就是我要说的"此时"的概念。

第二点，我想说一下"此地"的概念。这里所说的此地，也包含两个层次，第一个层次就是中国，这个"此地"的概念是对应于世界的大范围来说的。我认为，在当今中国推出《人文颂》这样一个作品，无疑是对现代化大潮中中华文化身份的一次形象确认。我们不能否认，20世纪实际上是西方文化席卷全世界的过程，它有一个非常具有感召力的词，就叫现代化。现代化在中国 20 世纪早期，一度被当成西方化的代名词，当时的学人一说现代化就是指的全盘西化。对此，著名哲学家冯友兰先生曾有一段简单明了的概述："一般人已渐觉得以前所谓西洋文化之所以是优越的，并不是因为它是西洋的，而是因为它是近代的或者现代的。我们近百年来之所以到处吃亏，并不是因为我们的文化是中国的，而是因为我们的文化是中古的。这一觉悟是很大的"。在相当长的一段时间里，现代化成了西方化的代名词，而西方列强也正是借着现代化之名，把他们的文化观、价值观连同他们的商品一起推销到全世界。当时中国的读书人也是这样看的，西方化就是现代化，我们要想现代化就必须要西方化。按照这样的思维逻辑，我们要想跟西方走，我们就得把自己的传统文化统统抛掉。尽管当时也有争论，但是论争的双方力量悬殊，胜负也毫无悬念。事实上，西方正是用现代化的观念开路，来带动整个全球化的进程，同时也把他们的核心价值观推向了全世界。但是在现代化发展进程中，到 20 世纪七八十年代出现了一些变化，比如东方的一些国家陆续实现了现代化，但是他们并不是毫无选择地接受西方的那一套，而是很小心地呵护自己的文化传统，比如说日本、新加坡。新加坡的李光耀早在 70 年代就提出一个"亚洲价值观"，认为在现代化的概念当中，不都是西方化的，东方也有自己的价值观。后来马哈蒂尔也提出类似的观点。随后，像香港、台湾这样一些华人聚集区，也先后实现了现代化，这就使得东方的这些现代化发展模式，开始形成自己的声音，也就是说在西方化的版图当中，加进了东方的因素。为什么会出现这种情况？除去经济政治等方面的因素之外，更深的内涵就是这些国家和民族产生了寻求自身文化身份被认同的内在需求。一个国家，当它逐步摆脱贫穷落后，开始跻身于现代化国家行列的时候,他往往要寻求自己在文化上的话语权,也就是说需要一种文化身份的认定,要表明我不是你,我是我自己,我有我自己的东西。东方各国所寻求的是,既保留自己的文化传统,又与世界接轨的发展模式。我们到日本去看一看,他其实是很小心地呵护着自己的文化传统,诸如茶道、书道、剑道、花道……都保存得好好的。如今,我们中国也在快速走向现代化,在这块辽阔的土地上,曾经产生过举世惊叹的灿烂文化,但是我们自己却很不珍惜。我们曾经像个富可敌国的大亨一样挥霍我们的文化遗产,一度还把我们的传统文化毫不客气、毫不吝啬的毁灭掉,到"文革"时期可谓登峰造极。改革开放以后,我们也开始搞现代化建设,我们走的是和西方不完全相同的道路,叫做"中国特色的社会主义"。经过三十年的艰苦奋斗,我们成功了,现在全世界都承认,中国经济上的现代化是成功的,形成了"中国模式"。而经济上的成功,就给文化提出了一个非常大的命题:如何构建中华民族的文化身份?我们要自立于世界民族之林,就必须重新确立自己的文化身份和文化价值,要用自己的色彩塑造自己的形象,要以自己的声音来表达自己的意志。于是,我们回过头来审视自己的文化宝库,我们重新发现了中华传统文化中最具有人文意义的思想内容,也就是以儒家文化为核心的传统文化,这成为我们向世界表明自己文化身份的一个最重要的标志,成为中国人在世界上安身立命的根基。同时,这也是渗入所有中华儿女血脉中的传统美德,是中国人之所以成为中国人的文化基因。而要凝聚这种文化认同感,就需要一些特殊的载体,一些容量巨大、传布至广的载体。我们这个儒家文化交响乐《人文颂》就是在这样一个情况下产生的,它也就顺理成章地成为在现代化大潮中,中华文化身份认同的一个形象标识。这是一层意思。还有一层意思就是,在香港、澳门相继回归,两岸互动开始越来越紧密的时候,整个中华文化圈,也需要一个文化身份的共同认知点,需要一个海内外华人共同的文化理念。于是,儒家文化又顺理成章地成为一个具有非凡凝聚力和感召力的大磁场,使我们在构建大中华文化圈的时候,能够有一个坚实的内核。从这个意义上说,儒家文化交响乐《人文颂》的产生,其实也是应和了这样一种需求,是符合这种大趋势的。

在前面谈到"此地"这个地域概念的时候,我说有两个层面,第一个"此地"是指中国,还有第二个层面,那就是"此地"特指深圳。儒家文化交响乐《人文颂》由深圳这个城市策划推出,同样具有特殊的象征意味。这个作品在"此地"产生,似乎不应该只当作一个偶然现象来看,它也有其产生的内在需求和外在的象征意义。深圳是中国改革开放的窗口和试验场,也是中国最早基本实现现代化的试点城市,同时它还有一个身份,就是中国最年轻的城市之一。以这样一个市民平均年龄还不到 30 岁的年轻城市的身份,一个市龄还不到三十年的现代化新兴城市的身份,来推出这样一个影响了中国两千多年的儒家文化的颂歌《人文颂》,其意义就不是那么简单的了,它至少说明了一点:当中国社会发展到一个比较现代化、比较强盛的时期,就必然会产生一种文化的自觉,就会比较自觉地开始营造自己的精神家园,同时也会比较自觉地呼唤一种文化身份的确认——在深圳这座最先基本实现现代化的城市,它对文化的需求显然是更加迫切的。从某种意义上说,在此时,在此地,推出这样一个儒家文化交响乐《人文颂》,既是得风气之先,也是领风气之先。刚才听到大家说,深圳的今天就是中国的明天,深圳现代化进程实际上也在昭示着预演着中国未来现代化的步伐。如此说来,深圳对于传统文化的弘扬、重振与创新,这本身不也具有某种开风气的意义么!

说到这儿,我的基本意思都说完了。末了,想再顺便谈几句和现代化有关的题外话。我们刚才一直在回溯历史,此时不妨再回顾一下 1900 年深圳发生的一件大事,那就是三洲田起义。近代史学家都认为这是孙中山领导的推翻满清政权的第一枪,但是,如果把"这一枪"放到更加广阔的历史背景上去观照,你会发现,1900 年 10 月 6 日的那一枪,分明也是中国人谋求国富民强、寻求建设现代化国家的第一枪。当时的先贤们或许想象不到,100 年后,正是在这打响第一枪的地方,掀开了中国改革开放伟大篇章的第一页。深圳既是现代化梦想萌生的地方,同时也是百年梦圆的地方。今天,我们在这座城市,奏响经济腾飞、文化复兴的宏伟乐章,推出这样一个具有时代意义,同时又具有民族色彩的文化精品《人文颂》,作为深圳人,我们有理由为身逢盛事、共襄盛举而感到欣慰,同时,深感自豪。

(侯军:深圳报业集团副总编辑)

《人文颂》的文化"应和"

王为理

很认真的读过《人文颂》,也不自觉的就产生了一种冲动,想应和《人文颂》。

诗人荷尔德林讲,我们处在一个贫乏的时代。贫乏的时代缺乏哲学的运思。海德格尔说,所谓哲学运思,就是:"竖起我们的耳朵,静心倾听在传统中作为存在者的存在向我们诉说的东西。通过倾听这些诉说,我们就达到了'应和'。"

儒学参与了中国农业社会文化创造的全过程,作为一种浸淫着我们民族血脉的传统,儒家文化所想诉说的东西很多,"为天地立心,为生民立命,为往圣继绝学,为万世开太平",儒家的理想非常远大,儒家文化的内涵和追求随着历史的演进而不断丰富,但儒家文化的诉说有一个始终如一的指向,就是:教化伦理道德。所谓"游文于六经之中,留意于仁义之际,祖述尧舜,宪章文武",从而教化百姓、敦睦人伦,是儒学的基本宗旨。也就是说,儒家文化关心的主要不是人与自然的关系,而是对社会结构和人际关系的调节。儒家文化的要义因而是伦理中心、政治至上,是仁义、礼治,是"内圣外王"、"经世致用"等等。

《人文颂》抓住儒家所推崇的"仁义礼智信"五德,演绎"爱人、刚毅、和谐、求道、思诚"的理念,立仁爱之心、壮士之心、恭敬之心、智慧之心和天地之心,歌颂生命的关怀、生命的力量、生命的尊严、生命的境界和生命的承诺。这显然是准确把握了儒家文化的关键词,抓住了儒家文化的精髓。

儒学的千秋功过,不同的历史阶段有不同的评说。儒学是农耕文明的产物,在历史迈入工业社会和后工业社会的今天,我们不可能从儒学里面找到解决现代化过程中所遇到的各种问题的万能钥匙。正如张岱年先生所讲:"儒学的内容距离近代世界的要求相去太远","儒学内部缺少走向近代文明的充足契机。"

但是,"弱水三千,只取一瓢饮。"儒家文化是一种丰富的历史文化资源,《人文颂》选择运用交响乐这一音乐表达形式,诠释和演绎"仁义礼智信"这一儒家思想的精华元素,既是"返本",更是"开新"。

特别想指出的是,以《人文颂》为儒家文化交响乐点题,不失为"化腐朽为神奇"之笔,一下子就将对"仁义礼智信"的一般谈论,提升到了对人文精神的倡导和弘扬的层面。

人文,作为人类文化的一种基因,作为一种朴素的习惯和意识,无论是西方还是东方,无论是中国还是外国,都存在。如古希腊哲学家普罗泰戈拉讲"人是万物的尺度";孔子闻马厩失火后,首先问的就是"伤人乎?"但是,作为一种稳定的价值观及其规范,作为一种引领时代的精神,在我们的传统文化里是找不到的。

一般认为,儒家人文精神的元典可以追溯到《周易》。其最初的表述为:"刚柔交错,天文也。文明以止,人文也。观乎天文,以察时变。观乎人文,以化成天下。"有人认为,在中华传统文化里,"观乎天文以察时变"的科学精神并未得到充分发育,而"观乎人文以化成天下"的人文精神则得到了长足的发展。但是,《周易》里所谈论的"人文"的本来意思是什么?"文明以止","止"是规矩,是限制,用朱熹的话来说,"止,谓各得其分";而讲规矩、限制,各得其分,就是人文。这是一个深刻的思想。问题是要用什么样的规矩"化成天下"? 答案很清楚:"天尊地卑,乾坤定矣。卑高以陈,贵贱位矣。"乾是男,是君,是父;坤是女,是臣。它要化成天下的文明秩序是男尊女卑,君尊臣卑,父尊子卑,夫尊妻卑。也就是说,在这里人的价值是不能得到真正体现的,并不是所有人都能至上,都有平等的权利。我们也很难从"人为贵"的说法中得出儒家"以人为本"的结论。实际上,如果说儒家也讲所谓的"以人为本",那么她主要是指以人生为本、以人心为本,通过"向生命处用心"和"内在超越"来求得人与世界关系的和谐,以实现"化成天下"的目标。

现代意义上的"人文"理念来源于西方的人文主义或人文精神。从哲学方面讲,人文主义以人为衡量一切事物的标准,人文精神是人类对于自身存在及其意义的关切,倡导尊重人、理解人、关心人、发展人,表现为对人的尊严、价值、命运的关怀和维护,对人的权利的尊重。人文精神包含自由、平等、博爱等普适价值,并以深刻的人本主义为本质特征,强调人对自然的征服和超越。

儒家文化中具有朴素的"人文"元素,却缺乏现代意义上的人文精神。儒家文化交响乐以"人文颂"点题,是对"仁义礼智信"的一种崭新的诠释,赋予了儒家文化新的生命活力,有利于实现《人文颂》所追求的"世界文明的视野,中华文化的表达"之间的"融合无间",也有利于超越儒家文化"泛道德主义"的局限;并有利于工业和后工业时代中传统文化与现代文明的嫁接与新生。

《人文颂》的另一个意义在于,她为深圳这座城市注入了新的文化元素和文化养分,并建立起了传统与现代在深圳城市文化发展过程中的有效关联。深圳是一座无中生有的城市,从文化上来讲,深圳是一个无根的城市,传统也好,本土也好,跟深圳城市文化的发生无关。但深圳又是一个有文化追求、有文化理想的城市,文化的深圳正在一天天长大,而这种文化不应该单单是与经济、与市场、与科技、与创新和创意紧密相连的,还应该是多元的、混杂的,既能与世界文明圆融无碍,也能接传统文化之地气,能开"源"继"流"。

另一方面,《人文颂》还是一种以音乐的形式表达的形而上的追求,将是对经验的、功利的、世俗的深圳的一次超越和洗礼。"时间就是金钱、效率就是生命"的口号造就了城市的辉煌,却未能建立起人内在的精神秩序。《人文颂》也许可以发挥音乐"载道、净德、明心"的力量,对治现代人因"物欲横流"、"神死物迁"所导致的价值失落,为当今国人之内心秩序的重建发挥作用。

苏格拉底讲,音乐可以用美来浸润心灵。亚里士多德说,音乐是闲暇时的智力享受。孔子讲:"兴于诗,立于礼,成于乐。"唐君毅先生说,无论是江湖之远,还是庙堂之高,无音乐所不能至之境。……希望《人文颂》能印证这些先贤的话语。

（王为理:深圳市社会科学院研究员,
文化研究所所长,博士）

《人文颂》是生命的歌唱

韩望喜

　　我在创作《人文颂》文学脚本的时候，内心充满感恩之情。古人说，"盛世歌以颂"。在这样一个历史时刻，能够表达出对中国文化的景仰之情，是何等荣幸的事情！

　　2009 年 4 月 9 日王京生部长将创作《人文颂》文学台本的任务交给我，当我聆听部长对这部交响乐的阐释的时候，我心中就有一种不可遏止的激情。我觉得这个创意是多么大的文化担当！好似宋儒张载说的"为天地立心"。创作《人文颂》，表达的是深圳对中国历史的文化责任，对中华文化的强烈使命。

　　任务非常艰巨。中华文化浩瀚无边，人文传统博大精深，虽然心向往之，但落到笔端却不容易。我是 5 月 11 日交稿的，在这一个月的创作期间，部长多次与我交谈，把他这么多年对于中华文化的思考，他的思想，他的立意，包括他的激情都传达给我，我才有这个勇气来创作《人文颂》，同时更让我感激的是部长把到杭州出差的时候，在西湖边写的关于仁义礼智信义理的阐释，以及许多优美的诗句也都给我参考。如果说这个本子还有可取之处，那些闪光的地方都是部长的思想。我感到在这个历

史的时刻来做这个事情，非常高兴、荣幸、感激。这是第一个
体会。

第二个体会就是我创作的时候，对中华文化充满深情。我
觉得自己写的就是生命的歌唱，就是心灵的歌唱！仁义礼智信
不是五个很枯燥的字，每一个字都好像在表达中国人文的精神，
是心灵的流淌，人文的歌唱。每个字就好像青藏高原冰川上的
一滴水，在草原流淌，化为小溪歌唱，变成大江大河，成不可遏止
之势，奔流向前，汇入大海。序幕拉开，就是"听，大地在歌唱，
以你喜悦的心倾听！"这一个"听"字，好像就有音乐的联想。中
国文化有个特点就是微言大义，孔子可能在不同的场合对不同
的人说不同的话，但他的整个的思想是非常丰富，非常广阔，深
厚而富有层次的。我在写作的时候，把思维放得比较开，对仁义
礼智信每个字都注入丰富的联想，不仅要表达各自内涵的确切
定义，而且表达了定义的多样性，基本上每个字都有 6 到 7 个侧
面，比如"仁"，"仁者在歌唱，以你博爱之心倾听"、"以你宽厚之
心倾听"、"以你恻隐之心倾听"、"以你纯朴之心倾听"、"以
你慈爱之心倾听"、"以你和美之心倾听"以及"以你天下之
心倾听"，这样来写，尽量使内涵变得更丰富，视野变得更开
阔，情感变得更流畅，同时，力求做到有音乐的情感，有情绪
的变化，有形象的呈现。我觉得这样才能不辜负中华文化的至
善至美。

我的第三个体会就是感激各位专家的关心、支持和爱护。
《人文颂》文学脚本出来后，老师们非常关心、支持和爱护。中
国伦理学会会长罗国杰教授、中国哲学史学会会长方克立教授，
他们看到文学脚本，都表示肯定，说立意非常好，是创新之举，视
野宽阔，内涵厚重，行文流畅。当然这是学问大家对我们的鼓

励,我们深表感激。我们的心愿,就是希望真正能够把中国文化的声音传达出去,希望能够把深圳对于中国文化的理解和担当表达出来。

（韩望喜:哲学博士）

主要参考文献

1.《周易正义》，[魏]王弼注，[唐]孔颖达疏

2.《论语注疏》，[魏]何晏注，[宋]邢昺疏

3.《孟子注疏》，[汉]赵岐注解，[宋]孙奭疏

4.《四书章句集注·大学章句》，[宋]朱熹撰

5.《四书章句集注·中庸章句》，[宋]朱熹撰

6.《诗经正义》，[汉]毛亨传，[唐]孔颖达疏

7.《礼记正义》，[汉]郑玄注，[唐]孔颖达疏

8.《春秋左传正义》，[周]左丘明传，[晋]杜预注，[唐]孔颖达疏

9.《尚书正义》，[汉]孔安国传，[唐]孔颖达疏

10.《周礼注疏》，[汉]郑玄注，[唐]贾公彦疏

11.《孝经注疏》，[唐]李隆基注，[宋]邢昺疏

12. 冯友兰著：《三松堂全集》（第十一卷），河南人民出版社2000年版

13. 张岱年著：《张岱年全集》（第六、七卷），河北人民出版社1996年版

14. 罗国杰主编：《中国传统道德》（教育部组织编写，全五

卷),中国人民大学出版社 1995 年版

15. 罗国杰主编:《中国伦理思想史》(上、下卷),中国人民大学出版社 2007 年版

16. 杨伯峻译注:《论语译注》,中华书局 2006 年版

17. [宋]朱熹撰,金良年今译:《四书章句集注》,上海古籍出版社 2006 年版

18. 艺衡著:《文化主权与国家文化软实力》,社会科学文献出版社 2009 年版

后　记

　　古人云:学贵得师。本书得以付梓,要衷心感谢各位领导和师长。

　　衷心感谢深圳市委常委、宣传部部长王京生同志。王部长是大型儒家文化交响乐《人文颂》的总策划。王部长关于国家文化战略和世界文化走向的思想和见解,令我由衷钦佩。在写作《人文颂》时,多次聆听部长的教诲。部长第一次谈创作思路时就指出:创作儒家文化交响乐《人文颂》是中华文化伟大复兴、弘扬国家文化主权的需要。

　　党的十七大报告提出,"弘扬中华文化,建设中华民族共有精神家园"。伟大复兴需要伟大文化,中华文化是中华民族认同的精神纽带,也是张扬国家文化主权的重要载体。我们创作大型儒家文化交响乐《人文颂》,不是单纯对儒家文化的一个简单的音乐表达,而是从国家战略的高度,考虑中华民族的文化认同和中国文化走向世界的问题。大国之崛起,不只是经济物质层面的崛起,更根本的是文化精神层面的崛起。大国崛起以后,文化怎么崛起,在这方面应该有代表性的声音,将中华文化的价值和光辉展现在全人类面前,这是我们国家文化战略的重要内

154

容。文化战略理论包含两个基本支柱：一是公民的文化权利，就是要让每个公民都享有基本的文化权利；二是国家的文化主权，就是在吸纳世界优秀文明成果的基础上确立中华文明的主体性地位，通过国家主权的张扬来拓展国家利益。公民的文化权利是基础，国家的文化主权是保障。中国要真正成为大国，就一定要在文化上崛起，崛起的标志，就是文化主权的张扬，而文化主权的张扬，就必须有自己的核心精神价值在里面。

　　在中国传统文化中，儒家文化无疑是核心，是中国历史文化的重要支柱与基础，对于中华民族的凝聚、团结和进步，对于中国的统一、稳定和发展，发挥了重大作用。同时，儒家文化也是整个人类精神文明的重要组成部分，对于东方文明和世界文明的发展与进步，产生了深远影响。部长在与我的多次交谈中，一再强调，要深入发掘儒家思想的人文价值，那就是对人的重视，对人的生命、人的尊严、人的智慧、人格的尊重。肯定人的价值，肯定现实生活的价值，肯定道德的价值。人的问题，是孔子建立儒家学说的根基，儒家关于人的思想和学说，对于当代中国文化建设具有重大的意义和价值。

　　儒家思想及其道德体系的意义是 20 世纪人文论争的核心性问题。儒家文明或者说中华文明的现代走向，是学术上的难点，需要深邃的哲学智慧，必须对传统进行当代诠释和理解，创造性地传达其意义。部长指出，我们今天诠释儒家文化的历史命运和时代意义，并非回归儒学，而是从儒家文化的思想史中撷取精华，加以比较、分析和综合，在传统文化向现代文化的创造性转化过程中，焕发出新的生命。在创作《人文颂》的过程中，部长多次指出，中西哲学都强调以人为本，那么人又是以什么为本呢？得出的结论就是，人就应该以"仁义礼智信"为本。儒家所提倡的"仁义礼智信",体现着儒家文化中最富人文色彩的核心价值,包含着深厚的生命关爱和社会关怀,深邃的人生智慧和生命境界。"仁义礼智信"这五个字,把人的本质特征、精神境界和一个完整的、完美的人的主要层面都表达出来了。这五个字,缺一不可,结合在一起,就是大写的"人"字;凝聚在一起,就是大写的"和"字。儒家思想的核心是"仁义礼智信"五德兼备的人,是大仁大义、大智大勇的大写的"人"。《人文颂》就是基于这个认识来表现中国文化核心价值的。

王部长一再强调,儒家文化交响乐《人文颂》要站在时代精神的高度,以现代理念去阐述儒家文化,取其精华,去其糟粕,赋予其新的意义,使之与当代社会相适应、与现代文明相协调。《人文颂》要突出的精神特质,不是要歌颂儒家的礼节、庙堂的庄严、等级森严的东西,不食人间烟火的东西。相反,是要反映儒家生命的光辉、精神的高尚纯洁,以及对生命的尊重和礼赞。我们以交响乐的形式来阐述中国传统儒家文化,是考虑到,中华文化核心精神价值的弘扬,应该站在中西文化交汇的高度,必须既有中国文化的特点,又要有世界文化的特点。中国元素,世界表达。音乐无国界,是传播中华文化核心价值的最好的载体之一,通过交响乐的形式阐述中华文化的人文精神,是我们想做的一个尝试。部长对《人文颂》的框架进行了总体设计,决定分五个乐章对"仁义礼智信"进行逐一表现,突出生命的尊严、快乐,表现生命的欣欣向荣、民族的无限生机。

儒家思想博大精深,充满了人文主义的理性光芒,对儒家文化这些积极、骨干的价值体系的继承和改造,将对建设社会主义和谐社会,构建持久和平、共同繁荣的和谐世界,发挥积极的作用。交响乐《人文颂》力求对儒家文化进行富有智慧和建设性的现代诠释,将儒家文化中蕴含的"以人为本"的核心理念发扬光大,歌唱人的仁爱、气节、和美、智慧、信义,张扬人的文化生命和道德本质。这不仅是中华文化的精华所在,而且具有非常重要的现实意义。以音乐沟通心灵,向世界展现中华文化核心价值观,让世界全面、准确地认识中华文明的价值和光辉,以中华文化的感召力吸引人、打动人,引起共鸣,拨动心弦,赢得尊重,增进心灵的沟通,寻求理解与合作。

对于这个交响乐,部长时刻萦绕在心,有很多的思考,一有机会,就指导我创作文学本子。部长去外地出差时也会把一些思考和诗句写下来,回来后将他的宝贵见解悉心传授……此情此景,历历在目。部长的创意和理念是我创作的理论基础和力量源泉。我深深体会到,部长立意创作儒家文化交响乐《人文颂》,是以一种新的方式横跨古今,沟通中西,融合古典和现代,以活的文化、新的传统,推动中华文化走向世界。

深圳是改革开放的"窗口",由深圳创作大型儒家文化交响乐《人文颂》,体现了深圳的文化自觉。深圳作为一个移民城市,其文化血液中有着丰富的中华母体文化基因,体现了中华文化的丰富性和活力,民族传统的浸润无处不在。深圳又是一座改革开放的前沿城市,连接中西,在大量的对外开放和交流活动中吸收了世界文明的精华,在传统的浸润和现代的创造中,深圳开创了一种崭新的文化气象和精神力量。创作《人文颂》,以世界文明的视野来阐释中华民族核心价值,展现中华文化的价值和光辉,这正是深圳的文化责任和历史使命。

衷心感谢各位专家学者。感谢中国伦理学会会长罗国杰教授的教诲和培育,感谢中国哲学史学会会长方克立教授的鼓励和支持,感谢中国伦理学会副会长夏伟东教授无微不至的关怀和谆谆教导，他们为这本书倾注了无数心血。感谢徐沛东书记、修海林研究员、李宗桂教授、关健英教授、杨宗元博士、尹昌龙博士、景海峰教授、王为理研究员等领导和专家学者的帮助和指点。一年前各位领导和专家专程出席交响乐《人文颂》创作座谈会，认为创作《人文颂》站在了国家文化战略的高度，正当其时、大有可为，是文化建设的大工程，是在中国日益成为世界强国的时代背景下发出的文化强音。今天回想起来，还言犹在耳，使我们对这项工程的重大价值有了更深的认识，使命感油然而生。

衷心感谢深圳市委宣传部以及市文体旅游局的各位领导。作为音乐工程的重要项目之一，交响乐《人文颂》的策划筹备历时近三年。本书最终得以面世，要感谢吴忠副部长、罗烈杰副部长、宣柱锡副部长、段亚兵副部长、刘璋飙副部长、苏会军副部长和李瑞琦主任的亲切关怀和大力支持。衷心感谢办公室刘佳晨主任，文明处陈庆澜处长、穆同伦副主任、黄海华副处长，文艺处钱强处长、胡滨副处长、陈园园副调研员等各处室领导和同事们在本书写作过程中所提供的帮助和所付出的心力。

衷心感谢部机关党委刘丽萍副书记。她在本书创作的整个过程中给予的热忱关注和中肯意见，令我备受鼓舞。有匪君子，如切如磋。感谢深圳特区报副总编侯军先生，他对本书给予的无私帮助，令我感动不已。既见君子，我心则喜。

衷心感谢人民出版社的黄书元社长，没有他的大力支持，本书不可能以较快的速度出版；感谢本书的责任编辑陈鹏鸣主任，在成书的过程中他给予我许多帮助和指点，让我获益匪浅。

儒家文化博大精深，儒学著作浩如烟海，本人学识浅陋，书中难免错讹疏漏，恳请读者不吝教诲指正；本书在写作过程中，参阅了大量文献,引用资料繁多,吸收了很多学者的研究成果,在此深表谢意。

韩望喜

2010 年 8 月 8 日